Andreas Rumler

Erft-Land-Splitter

FSC
www.fsc.org
MIX
Papier aus verantwortungsvollen Quellen
Paper from responsible sources
FSC® C105338

Originalausgabe
Juni 2024

Kulturmaschinen Verlag
Ein Imprint der Kulturmaschinen Verlag UG (haftungsbeschränkt)
Ochsenfurt
www.kulturmaschinen.com

Die Kulturmaschinen Verlag UG (haftungsbeschränkt)
gehört allein dem Kulturmaschinen Autoren-Verlag e. V.
Der Kulturmaschinen Autoren-Verlag e. V.
gehört den AutorInnen.
Und dieses Buch gehört der Phantasie,
dem Wissen und der Literatur.

Umschlaggestaltung: Sven j. Olsson
Umschlagabbildung: Karl-Heinz Frings
Eingestellt bei BoD

978-3-96763-310-8 (kart.)
978-3-96763-311-5 (geb.)
978-3-96763-312-2 (.epub)

Andreas Rumler

Erft-Land-Splitter

Lyrische Notate

Poesiemaschinen

Für Jutta

Vorab

Ein Landstrich mit uralten Wäldern, fruchtbar, bewohnt seit der Steinzeit, als Hort wechselnder Kulturen entwickelt er sich. Imperien einander ablösender Priester und ihrer Götter entstanden und gingen unter. Sie bilden als Fragmente im Boden und auf der Erde eine Etagere erlebter und erlittener Geschichte, höfischen Glanzes und kriegerischer Gräuel, waren Orte von Pogromen, sind Heimat der Literatur und Literaten, reich als Chronik, archäologisch zu erforschen und an Geschichten, die erzählt werden wollen. Ein kleines Paradies abseits der Metropolen.

Allein, in weiten Teilen dem Untergang geweiht. Segen und Fluch zugleich: der Reichtum an Braunkohle. Splitter bilden diese Momentaufnahmen als Notate doppelt. Sie zeigen wie in einem Kaleidoskop einzelne Aspekte und das unter Baggerschaufeln abgetragene Land mit seiner splitternden Kultur. Typisch, als Parabeln zu lesen, für Entwicklungen weltweit. Dies Erftland ist auf keiner Karte begrenzt, weit reicht es über die Ufer des Flusses hinaus, lässt sich zurückverfolgen in die ersten ergrabbaren Tage der Menschheit, ragt bis in die Gegenwart, verdient eine glückliche Zukunft.

I. Idylle

hoch überm horizont
weiße schwaden von
rheinischem reichtum
künden sie weit

noch vor den menschen
wuchsen hickorys ingwer
zypressen sequoien hier
moderten später im moor

aufschluss: ein lackprofil
zeigt schichten
abgesunkenen sandes der
Nordsee aus jahrmillionen

aus lehm und löss ein
erdgeschichtliches
bilderbuch aufgeblättert
vom baggerzahn

doch das danaergeschenk
wertvoller braunkohle öffnet
dem legendären pferd gleich
raubbau tür und tor

reizvoll als totale doch
hinsehen lohnt
entlarvt im detail
zerstörung der idylle

II. Aura

anmutig das Bördeland grün
urwüchsige wälder und weiden
von sanften hügeln überwölbt
darin als abgründe klaffen löcher

gigantisch die dimensionen
winde wirbeln sand auf und staub
entrücken die ränder ringsum
auf steigt dunst dumpf tönt lärm

friedlich der wald vögel sangen
diese heimat geliebt und vertraut
niemand verlässt sie freiwillig
nur zwang und nötigung folgend

ein zugang zum Hades nun
abgetreppt in endlos
scheinenden stufen
durch moderne technik

allein dreck und gestank
lassen antike momente wabern
durch schwaden und gedanken
frei von Plutos göttlicher aura

III. Metamorphosen

die schwärende grube
bedrohung und offenes grab
entzieht uns den halt
unter den füßen

zum fluch wurden
schätze des bodens
den anwohnern – verjagt
von konzern und politik

sprach man am amazonas
von indigenen ohne zukunft
gibt es hier außer der peitsche
auch zuckererbsen und -brot

metamorphosen der etwas
anderen art unheimlich von
grün über grau und braun
düster hin zu dampf und asche

heimat für generationen
reizvoll und einnehmend
verzweifelt verlassen
vorsätzlich zerstört

IV. Buntes Getümmel

am horizont die innenkippe darauf
geiern gleich absetzer am rand der halde

leise rieselt der – abraum verzieht der
alte winter sich befreit strom und bäche

vom eis buntes getümmel der dörfer
belebt den Steinstraßer Wall

V. Charme des Gewöhnlichen

flach sanft die region gewellt ohne spektakuläre felsen
steilküsten wie denn und wo große seen später vielleicht
fabriken und reichtümer der natur fehlanzeige
heere zogen hier durch in kriegen der religionen
raubten bauern das letzte brot
kleinvieh verschmähten die söldner nicht
doch reiche beute ließ sich woanders machen
der charme des gewöhnlichen ländlicher an- und armut
zeichnet diese region frei von highlights aus

VI. Tempo

mehr als blei aus flinten habe das im setzkasten die welt verändert
sagt er gern meister schwarzer kunst und edel gestalteter bücher
besucht man in Weilerswist Ralf Liebes Museum für Druckgeschichte
lange sein traum als krönung bibliophiler aktivitäten im eigenen verlag
von weitem schon zu erkennen an der bemalten fassade

er zeigt alte technik wissen rasch günstig dem volk nahe zu bringen
nicht museal hinter glas sondern real ratternd in betrieb
kenntnis für leser verfügbar nicht mehr das privileg weniger
widerstand löste das aus die reformation und revolutionen
solide maschinen texte zu vervielfältigen in produktiver aktion

nach jahrhunderten in Asien praktizierten drucks mit beweglichen lettern
dank Gutenberg auch hier statt mit holzschnitt oder kopien von hand
mit muskelkraft zu bewältigen eine stufe wachsenden fortschritts
lesern texte erschwinglich zu geben bevor rechner und programme
transport und produktion von ideen und formulierungen übernehmen
tonnen von lettern in blei hütet der freund ausgefallener typen

einmal erreicht sein verlag aufsehen als es gelingt alle schritte
zum fertigen buch vom manusktipt bis zur auslieferung
zu leisten in 24 Stunden das erregt interesse am werk *Tempo*
das *schnellste Buch der Welt* macht Liebe bekannt
den einen tag es ziert museen aller kontinente

VII. Augenschmaus

not drückte die menschen wohin man blickt
dürftige straßendörfer säumen die enge
wenige karren mussten hier durch
begegneten sich kaum inmitten der orte
heut' stauen sich autos in engen gassen
denen man fußwege nahm lieferwagen haben es schwer
erst recht der krankentransport im notfall in eile

zugezogene erstaunt wie einzelhändler beraten
bemüht ihren kunden günstige angebote zu machen
über generationen überlebte nur wer sparen lernte
geiz nicht – not gebot deren wert zu schätzen:
auch kleine münzen nicht gering zu achten

karg das leben in den hütten wer den zehnten
aufbringen muss adel und klerus zu füttern
schlösser und kirchen zu deren glanz zu errichten
dem blieben bloß glauben demut hoffnung
auf ein besseres jenseits das himmlische paradies
hernieden hunger meist und augenschmaus

wenige werke nur römischer ingenieurskunst und architektur
überdauerten über der erde von Germanen erobert
verachtet von christen weil *heidnisch* als steinbrüche gingen sie unter

realien und überlieferung in einer etagere überlagert verschüttet
zugänglich archäologen dokumente tief im boden archiviert

in lehmhütten hausten Franken errichteten ihre kirchen auf ruinen
der tempel und paläste aus marmor mit säulen und statuen
vermauerten spolien kunstwerke zerschlagen in ihre fundamente

erkennen lässt sich technisches genie entlang des römischens kanals
zur versorgung Kölns mit klarem wasser sauber aus der Eifel
rund 120 kilometer überwanden sie schlugen tunnel durch berge
bauten brücken über täler ein sanftes gefälle für geregelten zufluss

pest und andere übel suchten während des mittelalters städte heim
ideal als vorwand sich zu bereichern juden erschlug man beraubte sie
gab ihnen die schuld an katastrophen durch mangel an hygiene
vernichtet die römische kultur ihrer zeit voraus reines wasser mangelware

gern behalf man sich mit bier aus aquädukten brachen sie Eifel-Marmor
trümmer im boden künden als chronik von kunstvollen wasserläufen
zu erwandern durch jahrhunderte und entlang sachter bögen der Erft

IX. Tolbiacum

oft tauchen ziegel auf relikte bronzener teile fragmente aus glas
kaum beachtet steine meist erneut vermauert einige fielen auf
stammten sie weder von dächern noch eckig geformt für mauern
rund hatten sie einst säulchen gebildet trugen als hypocausten
die heizung von böden der thermen eine der größten
nördlich der Alpen in Germaniens kalten wäldern

wichtig den römern der platz kreuzung bedeutender straßen
die Via Agrippa führt noch durch das Weiertor
errichtet wurde Zülpichs burg auf einem kastell der Römer
militärlager verband der flecken feste wege trafen sich hier
solide gepflastert nach Trier und Köln Neuss und Bonn
wert legten Römer auch in der fremde auf ihren komfort

wer reitet oder wandert offene wagen nutzt freut sich
rasten zu dürfen entspannung fanden die römer im bad
plauderten tauschten berichte aus verwöhnt von sklaven
tief im boden erhielten sich wannen und baderäume in folge
wie Römer sie schätzten bis ihre siedlung erlosch

im museum ablesen lässt sich der verfall des dolce far niente
in großen bassins liebten Römer sich pflegen zu lassen
genossen bei leiser musik auf ihren liegen delikatessen

im mittelalter sorgten hübschlerinnen in hölzernen zubern
für entspannung männlicher gäste in lehmwandigen badstuben

Tacitus erwähnt Tolbiacum glanzvoll die prächtigen thermen
dörflich war verraten funde der charakter des ortes

X. Die Erft

schmal ein rinnsal von zuflüssen zunächst Kuhbach genannt
aus der Eifel mündet die Erft nach 100 kilometern in den Rhein

im mittelalter griff man ein mühlen anzutreiben verlegte ihren lauf
andere arme kannten die römer wie auch namen wechselten
Arnapa zunächst zu *Arnefe* oder *Arlefe* 1320 ist *Arfe* verbürgt
sumpfig die auen malaria tritt auf abhilfe bringt der Erftflutkanal

bleibergbau bei Mechernich verseuchte das wasser vergiftete felder
bei strafe verbot man bauern ihre eigenen flächen zu nutzen

heut' bedroht sulfat der tagebaue gesundes trinkwasser aus der Erft
wird die sümpfung beendet fließt wasser von weither in die gruben
aus den gefluteten steinkohlezechen belastet mit PCB
von ewigkeitslasten sprechen wissenschaftler
politiker diskutieren über pipelines zur versorgung bis an den Rhein
schön noch die zeiten als die Erft anwohnern zum trank diente

schlösser und burgen säumen den weg der Erft für deren gräben
zapft man wasser ab einmal jedoch um eine stadt auszuhungern
durst zu verursachen als Kölns Erzbischof Ruprecht von der Pfalz
Krieg führt gegen Neuss gemeinsam mit dem Burgunder Karl
verlegten sie die mündung weg von Neuss es auszutrocknen
not sollte die Bürger glauben lehren zwingen sich zu unterwerfen

wasserreich zuletzt für kurze zeit aufgewärmt als man kühlwasser
einleitete und sümpfungswässer lebten aquarienfische hier Piranhas

friedlich plätschert die Erft sanft ihr ist egal in welchem bett
sie schlösser der fürsten umfließt sie schweigt lächelt glucksend

XI. Bagger-Ballett

gruben zu graben die halde
zu schichten werden berge versetzt
bagger müssen den standort ändern
mitten durch felder über weiden
alleebäume stören wenn raupenketten
felder pflügen verdichten sich böden
lang wird kein korn normal reifen
hier stöhnt der bauer verbittert

doch die schneise zum neuen einsatz
gerät im Rheinland zum volksfest
monströse riesen kraftwerke zu befeuern
walzen äcker wiesen bäume nieder
einen bypass der erft statt ihres betts
straßen gesperrt für stählerne lindwürmer

das schauspiel zu erleben von weit her
kommen tausende shuttles als service
vom parkplatz zum spektakel karren
zuschauer heran lasset die kindlein vor
gen Garzweiler von Hambach aus von Fortuna
nach Hambach ein bagger-ballett
auch folgen dem tross marketender mit pommes
und bier durst macht und hunger
der anblick von giganten ihr finaler sieg
über die unterlegene natur

XII. Rammböcke

wasserumflossen die burg trotzt allen kriegen
stolz aufgereckt den bergfried gegen jeden feind
erst bagger rammböcke heutiger heere zerstören
Reuschenbergs wehrhafte kultur
den turmhelm versetzt man wie zum scherz
auf ein niedriges hoftor in der nähe
niederlegen nennt man den abriss was freundlicher klingt

auch Harff stolzes schloss sein untergang im spiegel
der weiher seitenverkehrt im zerfließenden bild
ein akt der ungleichzeitigkeit im abriss
wie hätte Ernst Bloch gelacht
moderne burgenzertrümmerer ließen
den geist finsteren mittelalters
längst überwunden geglaubt auflodern

samt türmen und giebeln dem schmuck seiner portale beraubt
wird sein renaissance-charme opfer archaischer technik
ein feuerlein zu entfachen um energie zu gewinnen
schmerzhaft verfolgen zuschauer wie filigrane plastiken bersten
splittern tore und bogen wie das blühende Erft-Land ringsumher

XIII. Weltenbummler

herr … er lebt! rief die amme
dem ritterlichen vater zu
zimmerweit zu vernehmen
als der säugling bläulich im gesicht
seinen ersten schrei doch noch tat
nach bangem moment
der ersehnte stammhalter

klein war der knabe schmächtig
ertrug wenn andere ihn hänselten
mochte er doch mit ihnen nicht balgen
schien nicht geeignet für ritterspiele
im dreck sich wälzen ertrug er nicht
dann eher mitleid hohn spott
lieber wanderte er über wiesen ziellos
lief durch wälder lauschte vögeln
las spuren des wilds im dickicht
begeistert von duft und farben
zierlicher blüten

geboren 1471 auf Schloss Harff
wuchs hier einer heran
der die welt erkunden wollte
begierig zu lernen wie wenige
ungewöhnlich im mittelalter:
der Ritter Arnold von Harff
ein bruder im geist Marco Polos

kein kreuzritter auf der jagd nach beute
zu beginn betet er vor Kölns königen
noch 1496 als er für drei ganze jahre
auf wanderschaft geht in die welt
ihn interessiert was zu erleben ist

und er mitteilen kann zurück
im kreis atemlos lauschender zecher

zentren des abendlands zu erkunden
brach er auf zu orten der macht und des kults
wo man menschen glauben machte
mit alten mæren legenden von wundern
in Rom Jerusalem Santiago de Compostela

stürmen trotzt er überwindet berge
räubern fällt er nicht in die hand
unsicher damals die straßen
das meer erst recht
piraten mit schnellen rudern
lauern überall kapern segler
auf beute aus auch zweibeinige
mancher kaufmann landet
gehandelt auf einem sklavenmarkt

glücklich kehrt er zurück heil gesund
ein paradies die heimische burg
muss nicht wie andere reisende
sich frecher freier erwehren

schildert am feuer was er sah
über seinen weg gen Venedig
und auch vor seinem geistigen auge
bis Indien Madagaskar zu den Quellen des Nils
führen ihn fantasie und fremde berichte
wer reist will erzählen schmückt sich
gern mit abenteuern aus zweiter hand

doch auch was er selbst bezeugt
reicht daheimgebliebene zu erschüttern
exotisch die eindrücke
aus dem Osmanischen Reich
begeistert preist er die schönheit
und lichte weite der kuppeln
der altehrwürdigen Hagia Sophia
und die gigantischen stadtmauern
höher als die des hilligen Köln
dank des kirchlichen kreuzzugs
1204 nach Konstantinopel
inzwischen von sultanen beherrscht

Kairo sah er schmelztiegel von völkern
begierig hängen sie an seinen lippen
fällt das wort harem wuchern fantasien
während becher kreisen wein
die zunge und begierden löst

das Katharinenkloster auf Sinai
eine schatzkammer uralter schriften
er besucht Jerusalems heilige stätten
Damaskus und Aleppo Antiochia

allein die namen erschüttern dass einer
solch' gefahren mannhaft überstand
am warmen kamin in trauter gesellschaft
lauschen sie gern seinen abenteuern
fiebern mit die gefahren anderer im ohr
selbst würden sie nie auch nur
den zu Aachen oder Kölns dom erblicken

abschriften seiner erzählung werden verbreitet
lange nach seinem tod 1505 nahe Bedburg
zahlreich auch illustriert aufwändig damals
offenbar schätzt man seine bilder fremder lande
erregend die einzelheiten er schildert
völker und gestade löwen und strauße sah er
spreizt sich stolz mit seinen erlebnissen
ein heros dem sagenhaften Odysseus gleich

sammelt dokumentiert erkenntnisse
von infrastruktur spricht man
und post jahrhunderte später
doch nachrichten waren wichtig
besonders in kriegszeiten er berichtet
die küstenwache von Alexandria nutze
brieftauben von schiffen zum festland

gigantisch die pyramiden ganz klein fühlt er sich
ohnmächtig fast unter sengender sonne
von üblem segen berichtet er
den reisende spenden und empfangen
damals verbreitet in Kairo später im reich
als franzosenkrankheit gefürchtet

aufmerksam lauscht er welche idiome
menschen einander nahe bringen
entlang seiner route birgt proben
zahlreicher schriften und sprachen
fügt glossare hinzu künftigen reisenden
hilfe und rat zu geben er denkt global

wenig zeit blieb ihm geschwächt
von strapazen der reise quer
über den damals bekannten globus
standesgemäß heiratet er noch 1504
ein Fräulein Margarethe von dem Bongart
stirbt aber bald im jahr darauf
wenig nur erinnert an ihn in seiner heimat
seit unweit von Bedburg sein Schloss Harff
im tagebau versank

XIV. Einklang

zerrissen das land gruben im verbund der bänder
und bahnen fördern sie kohle zu meilern und schloten
übrig geringe flecken alten bestands urigen wachstums
versprengte inseln inmitten des üppigen kahlschlags
kaum tauglich arten vielfältig leben zu lassen

sich orientieren am zusammenspiel der bagger
brenner und generatoren fordern verteidiger der natur
statt der zerstückelung weiter vorschub zu leisten
endlich den bioverbund gemeinsamen lebensraums
als harmonischer einklang von flora und fauna
auf dass hase und fuchs nächtens grüße austauschen
friedlich vereint zu bewahren die schöpfung

XV. Natur aus zweiter Hand

an kohle zu gelangen bot man ihnen land
in anderer region doch schon ihre ahnen
hatten ihre hütte ihren hain erfüllt mit leben
sanken hier in diese erde nieder
dieses dorf war ihre heimat auch posthum

Philemon und Baucis wichen zwang nicht
ins schöne gütchen das den alten ausersehn und
mit jedem tag verlängt der unternommene graben
sich abgeteuft hinab tief ins abgetreppte grab

arbeit gibt die grube tausenden und strom
kunst-natur zur naherholung reckt die steile halde ihren
abraum hoch über weitem flachen bördeland
künstlich der berg und später zu flutender see

mit aussichtsturm wie wildgehege gestautem teich
tuten der dampfer auf erftländischem meer irgendwann
im schatten der zu grabenden Porta Sophia
was imponierender klingt als einleitungs-zufluss
in wenigen jahrzehnten vielleicht ein paradiesisch land
doch als werk der industrie bloß natur aus zweiter hand

krieg den hütten lautet die parole friede den palästen
tausch bot man wollt keinen raub schuf wüste
jetzt verdient sich freiheit wie das leben der seine
heimat rettet couragiert wie die bürger von Alt-Kaster

blackout im krimi als showdown
anspannung statt nervenkitzel zur entspannung
gestohlen die satellitenschüssel
was brauchbar scheint findet neue besitzer
straßenlaternen beleuchten ruinen
Etzweiler geschreddert von baggern gefleddert durch diebe
der plünderei durch großgerate kommen sammler und jäger zuvor
vor der abrissbirne schleichen räuber durch den ort
dröhnen nächtens rennen PS-starker sportwägen
natürlich nicht sanft die gewalt wie sie letzte bewohner erleiden
dies haus ist bewohnt warnen bänder *klaut erst nach unserem auszug*
die spitze des alten kirchturms ziert wie eine karikatur
den neuen friedhof

XVII. Feuerspei

unscheinbar von außen vier flügel einer hofanlage weiß gekälkt
die mauern dicht kaum fenster durch die wände gebrochen
verrammelt solide vom holztor breit genug für heuwagen
nur ein schmaler durchlass für fußgänger das tor antik

ein hof als kleine burganlage architektonisch ein juwel
über jahrhunderte bewährter traditioneller baukunst
gelegen an der alten römerstraße Via Belgica
nur kein interesse wecken nicht andeuten hier lagert besitz
die urform der festung später mit mauern bewehrter städte

historisch gewachsen ein ambiente legenden zu erfinden
der hausherr Henry Wimmer dichtet sie liest und spielt
die mär vom lieben kleinen braven drachen Feuerspei

XVIII. Fahles Licht

vernagelt die fenster geborstene türen halb
eingestürzt ein dach daneben ein stall von
allen tieren verlassen

früher gut besuchte geschäfte die keinen
kunden mehr sehen hinweise auf bäcker und
metzger verblassen

einst warben leuchtend reklamen
kunstvolle wirtshausschilder laden
nun keinen mehr ein

ein treffpunkt des örtchens pries seine
kegelbahn an die letzte kugel ist längst
verrollt

wildwest-atmosphäre am tagebaurand
ins nichts weisen schilder vordem
benachbarter dörfer

eine landschaft in agonie verödet dem
untergang preisgegeben riesig die halde sie
dräut am horizont

verfall wie vor anderthalbtausend jahren
statt wandernder völker mit äxten und keulen
nun bagger

meter nur vor auf raupenketten anrückenden
schaufelrädern die notgrabung römische pracht
gilt es zu dokumentieren

so wiederholt sich geschichte nicht bereit
sind wir zu lernen allein die heerscharen kommen
heute im blaumann

groß angelegt die frühere villa rustica ein
herrenhaus wirtschaftsgebäude thermen
samt gräberfeld

in eile mit schwerem gerät unsensibel erschlossen
zertrümmert unter druck von tonnen zierliche letzte
gaben der liebe aus glas

notgrabungen eigentlich als raub ein feigenblatt
der verantwortlichen der zerstörer gefällt sich
als sponsor

verzweifelt die archäologen wissen sie doch
den bagger im nacken können sie nicht viel
gar alles entdecken

gering nur die ausbeute sehr wenige prozente bloß
gelingt es ihnen der geschichte zu bergen bevor
die schaufel zuschlägt

offiziell dankbar zu scheinen trotz des bewusstseins
ihren ansprüchen nicht zu genügen empört sie
die faust in der tasche

wenige meter nur weiter lag eine siedlung
der steinzeit weltkulturerbe wird hier vernichtet
um der braunkohle willen

wind kommt auf nichts mehr sehen können
zu wollen fast klingt das wie das programm
des konzerns

der sturm verhüllt zeugnisse tausendjähriger
kultur verbirgt sie dem blick und nebelt
den bagger ein

in fahles licht des sandsturms passend zur
mondlandschaft zu der das liebliche
tal der Inde verkommt

XIX. Caesaren

als pendant zu den baggern thront über
der Goltsteinkuppe stählern ein monster
bei dunst aus der ferne wie drohend
ein aufrecht stehender sarg
den blick weit über kulturland hin
zur Via Belgica zugemüllt mit abraum
triumphiert es über menschen denen
sie die heimat verheizen

fest steht es da aufrecht breitbeinig stolz
in und unter stahlgittern befangen
krabbeln klettern besucher
durch solide montierte stahlarchitektur
ehrfurcht gebietende einschüchterung
verschraubt in einen großen metallbaukasten
die rechte erhoben zum etwas lauen
doch erkennbar deutschem gruß
hart wie Kruppstahl für
die nächsten tausend jahre

vergleichbar den triumphbögen
angesichts derer Roms herrscher
unterjochte völker verhöhnten
triumphieren hier moderne caesaren

XX. Bunker-Architektur

ein ausflugslokal direkt mit blick in die grube
das eigene ende durch feinstaub-krebs
anschaulich vor und als dreck in den augen

sicht-beton grob rissig wie rauhputz
ausladend gestaltetet tische und stühle davor
schwarze schleier von klebrigem staub im wind
umspielen gäste als wollten sie raunen
lasst die ihr eintretet alle hoffnung fahren

recht eigen ein abschreckend beispiel
moderner bunker-architektur ein restaurant
in verbaler camouflage Terra Nova geheißen

XXI. Beton vor dem Portal

verloren als solitär nahe dem rand der grube
inmitten der berge von schutt und ruinen
in letzten bewohnten häusern vereinzelt gardinen
nur blumen lassen funken von leben ahnen
und wenige geparkte autos davor
hier ragt erinnernd St. Albanus und Leonhardus
mit ihrem turm auf in Manheim
gleich einem vergessenen grabstein

entsorgt der ort eine wüstung wie man sie kennt
aus zeiten der pest nach hungersnöten von kriegen
nicht einmal mehr straßenschilder helfen noch
sich zu orientieren in der brache
kaum zu erkennen der frühere marktplatz
an eine ruine als menetekel die worte
GRENZEN DES DAX-TUMS gepinselt
nicht Banquos Geist herrscht doch der von bankern

radikal ausgelöscht geschichte kulturelles erbe
dem erdboden gleichgemacht als staub verblasen
die über tausend jahre währende tradition
seit Mannunhem 898 erstmals erwähnt in einer urkunde
des Karolingers Zwentibold ein ort beteiligt am Bürgewald
als Hambi oder Hambacher Wald vehement verteidigt
seiner ökologischen vielfalt und bedeutung wegen
auch er weitgehend für den tagebau gerodet

augenzeugen berichten wie Manheim im Weltkrieg
1943 den untergang nur knapp überstand
ein britischer bomber eine Short Stirling EF 427 'A Apple'
drohte im sinkflug auf den ort abzustürzen
der pilot G. G. Judd verhindert die katastrophe
weil er sie umlenkt auf freies feld ein mann nur
vermochte sich mit dem fallschirm zu retten

das war im krieg im frieden wird manheim geschleift
fallen seine mauern bettet man gräber um
sind die hohen gotischen fenster der kirche
solide mit hölzern vernagelt eines von ihnen stellte
Evas und Adams vertreibung aus dem paradies dar

verrammelt das schlichte hölzerne hauptportal
einen betonblock haben sie davor gehievt
gläubigen den zutritt zu verwehren
hoch oben im tympanon wacht Jesus als Guter Hirte
bückt sich streichelt ein schäfchen liebevoll
nicht gelang ihm seine herde zu hüten und den ort

XXII. Bronze-Kunst

in Stolberg nahe Aachen ließ der pharmakonzern Grünenthal
ein denkmal errichten vom künstler Bonifatius Stirnberg
war der konzern nicht bekannt bereits und gefürchtet
durch sein schlafmittel Contergan wozu noch das kunstwerk

enttäuscht zeigten sich vertreter der opfer aus Großbritannien
aus Schweden und Japan oder Australien
zynisch sei diese PR käme der bronzeguss den konzern
doch weit billiger als angemessene entschädigungen

spät erst nach langem zögern nahm der chemieriese das
bilanz-fördernde nach der moral des konzerns
überaus erfolgreiche präparat vom markt
unvollständig lasen sich die geschäftsberichte damals schon
nicht eingepreist waren die leiden missgebildeter kinder
und ihrer eltern – tausender rings um den globus

wenn der braunkohle-tagebau krebserregenden feinstaub
weit über das Land verteilt: kalkuliert der konzern
zu erwartende opfer ein? vielleicht sollte er sich bei zeiten
der bronze-kunst des Bonifatius Stirnberg versichern

XXIII. Rückgaberecht

legendär die zeit als tiefe weite wälder hier
grün im schatten der blätter fast schwarz
zwischen Jülich und Aachen dicht standen
so nah beieinander dass eichhörnchen in
ihren wipfeln den weg zurücklegen konnten

reich war der Hambacher Bürgewald
an seltenen pflanzen und getier
jahrhunderte alter urwald bis zuletzt
Stieleichen Hainbuchen und Maiglöckchen
gediehen hier für Bechsteinfledermäuse
den Springfrosch für Haselmaus
Mittelspecht für Reh' und Hase

rührend die mär vom Arnold aus Arnoldsweiler
karriere macht der ein begnadeter sänger
als musiker am hof des großen Karl – er habe hört man
dem kaiser so kunstvoll aufgespielt dass der herrscher
großmütiger als sonst gemeinden seinen wald verspricht

nett dieser zug des furchtbaren helden Karl
nie verlegen sonst fremde köpfe rollen zu lassen
zwecks landgewinn und unterwerfung
fremder völker unter das joch seines glaubens
den gott der nächstenliebe und seines steuerregimes
wie einst in Verden als blut tausender opfer
zum Blutgericht rot das flüsslein Aller färbte
edel fast wie katholischer Kardinals-Purpur

durch den legendären Ritt um den Bürgewald erweicht
Arnold das harte herz des Sachsenbezwingers
den untertanen hier ein riesiges areal an wald mit wild
zu überlassen unklar bleibt ob Karl durchschaut
unterwegs wechselt der heilige listig pferde der bauern

feudale geschenke wieder zu nehmen verstanden
Karls nachfolger haben den wald den bürgern entrissen
von solch rückgaberecht konnte Karl nur träumen

XXIV. Entsorgt

tief in die vergangenheit ragt der alte brunnen
eichene balken bewahrten jahrtausende alte
scherben der steinzeit feuersteinklingen
verzierte wände von edlen gefäßen
geschenke an die götter ihre gunst
im kult zu erringen gibt der schacht preis
was wäre hier noch zu bergen bevor die bagger
alles zeschlagen im perfekt mechanisierten raub
entsorgter vergangenheit kurz und klein zu staub

XXV. Gegner von unten

im grundwasser tief unten die flöze lärmende pumpen
tag und nacht senken land und wasser ab
oben reißen die schollen drauf splittert baufällig was
generationen standhielt wie schloss Türnich und Elsdorfs kirche

schlanke säulen tragen edle gewölbe elegant geschwungen
von meistern der gotik errichtet standen sie sicher
bis zur absümpfung des grundwassers
nicht in verantwortung sei der konzern sagen die manager

Bergheims stadttor solide errichtet im mittelalter
auf massiven meterdicken fundamenten
steinkugeln sollten die wände standhalten und taten es
rissig inzwischen die wehr gegen den feind von außen
an gegner von innen und unten die sümpfung
an bodenbewegungen dachten die erbauer nicht
nun zeigt der konzern darauf mit dem finger
im Zweiten Weltkrieg stand dort kurz ein panzer
sein gewicht habe die mauer zum wanken gebracht

absaufen würde Hambachs loch eine hässlich stinkende pfütze
liefen nicht tag und nacht pumpen zur absümpfung des wassers
mehrere meter rutschen dörfer und städte ab grundwasser fehlt
verbleibende schichten auf und aus verschiedenem material
sacken zusammen ausgedünnt schwämmen gleich die vertrocknen

gebäude verkanten sich reißen noch weisen kirchtürme gen himmel
kriegen und jahrhunderten trotzten sie verziehen sich nicht
wie in Pisa so stark doch neues leben gewinnen helme und spitzen

messpunkte zieren wohnraum außen montiert wie edelsteine
gipsmarken dokumentieren aktuell wachsende spalten
durchzogen von rissen werden ringsum in weitem kreis
einst solide gemauerte häuser ängstigen die bewohner sich

originell die ausflüchte des konzerns geeignet in ihrer fantasie
dichter neidisch zu machen etwa wenn ein gutachter behauptet
ohne zu erröten der hausbesitzer habe den schaden verursacht
weil er zweimal im jahr mit eisernem spaten umgrub das gemüse

beliebt auch der hinweis von gutachtern des konzerns
baumängel zurückzuführen auf fehler der maurer
offenbar sind nach logik der auftraggeber nur pfuscher am werk
befähigt allein ruinen zu mauern nicht feste häuser

wer mag ruhig schlafen hört er des nachts reißen und krachen
gebälk wände fundament plötzlich unter seinem bett
etagenweit konzertant die hölle ein concerto inferno
jahrzehnte wiesen wände und decken keine risse auf

XXVII. Lohn und Brot

gebetsmühlenartig ward der konzern
nicht müd' in seiner PR
die ar- ar- ar- ar- ar- ar-beitsplätze
zu beschwören die er schafft
böse windräder verschandeln
angeblich arg die landschaft
nichts hatten sie einzuwenden
gegen masten quer über land
von hochspannungsleitungen

allein was sind die jobs wert
erhitzen sie nicht nur turbinen
sondern lassen die gesamte erde
langfristig erglühen
geht der planet zum teufel sie
machen ihn zur steppe unbewohnbar
höllisch überhitzt wie teile Afrikas
jetzt und Amerikas schon

wäre der erhalt von arbeitsplätzen
ernsthaft wichtig als kriterium warum
um gottes und der kirche willen
auch dem anderer autoritäten
schaffte man ab die todesstrafe
und praktiken verwandter art
der Heiligen Inquisition

generationen von familien lebten glücklich
vom verdienst der folterknechte
dem gehalt der henker
mit schwert seil oder gewehr
auch ertränkt wurden hexen
lodernde scheiterhaufen boten förstern
lohn und brot für brennstoff-lieferung

nicht zuletzt auch jenen arbeitern
auf der schädelstätte des herrn
die brandfackeln herstellten und nutzten

mitarbeiter in kraftwerken mit hohem
ausstoß von CO_2 tragen massiv
bei zur erderwärmung weit mehr
als jene frommen männer die hexen
auf scheiterhaufen verbrannten
opfer dieser arbeitsplätze waren
ganze familien männer frauen kinder

einst in der vergangenheit brannten einzeln
bücher und menschen auf scheiterhaufen
jetzt dank moderner technik sind wir weiter
wuchten und rollen den globus komplett
samt allen bewohnern blumen und getier
übergeben ihn den flammen im klima-inferno

XXVIII. Vermeintlich

moralisch und technisch auf der höhe gibt der konzern sich
bietet an bergschäden zu melden per telefon und im netz
ruft der geschädigte an vernimmt er mit staunen
einen *VERMEINTLICHEN* bergschaden wolle er melden
eingeschüchtert wird er eingestimmt auf gutachter
im sold des konzern und deren ergebnis
vermeintliches meine er nicht versucht sich zu wehren
hätte nie angerufen allein um einer falschmeldung willen

großzügig guter nachbar der er ist finanziert der konzern eine
schiedsstelle für bergschäden in eigener regie
besoldet deren richter und beisitzer bequem für regierende dank dieser
noblen maßnahme können politiker auf objektive hilfe verweisen
wes brot ich ess klagt nach seinem antrag: *abgewiesen!* ein bürger
des schiedsspruch ich sing: *ein verhüterli – juristisch aufgeblasen*

XXX. Camouflage

verbrannte erde metalle
toxisch für menschen

als harmlos weiße
wölklein wasserdampf

durch den schlot
gejagt perfekter

sieg der camouflage
giftige schwermetalle

quecksilber sei dabei
sagen ärzte

methan-emissionen legen
satelliten-bilder nahe

atomaren fallout
misst man lieber nicht

auch aschene strähnen
verfinstern die luft

als sponsor begehrt
der konzern von vereinen

flutlicht für fußballer
bücherschränke im dorf

restaurierung der kirchen
nach bergschäden

kamelle und schwof
ersticken kritik

ein feuerchen machen daran sich zu wärmen
technologisches know how vergangener jahrhunderte
zeitgemäß wäre nachhaltig gewonnene energie aus
sonne wind und wellen statt fossil befeuerter dreckschleudern
wollte man unseren verkehr ähnlich organisieren –
den Adler aus Nürnberg müsste man vor Intercitys spannen
konsequent wäre wählte der konzern zum symbol
die antike lok mit ihren anhängern wie kutschen
für ein bakshish wäre das museum wohl zu gewinnen
für kleineres geld als der konzern in politik investiert

XXXII. Kahlschlag

mitten durch das revier die
alte römische straße
schnurgerade gezogen
verband sie Köln mit

der offenen see im westen
noch heute finden sich an
ihrem weg reste antiker
lager und jüngerer burgen

kulturland der bandkeramik
fragmente davon bergen jetzt
archäologen den bagger im blick
ein rennen gegen die zeit und

ahnen dass ihnen nur wenig
zu finden gelingt verbittert
klauben sie perlen aus dem
staub das kollier geht verloren

frankens fürst bessert ein schmied
den spangenhelm aus tilgt
schwertspuren in einer weinranke – ein
bild geschlagener verratener kultur

tiefe schrunden abschürfungen weit
zum horizont narben des bodens und
lebens darauf spuren unserer
geschichte vernichtet auf ewig

statt gandioser creatio ex nihilo
schöpft hier der bagger aus dem leben
schröpft natur und kultur
wird der kahlschlag zum finalen

XXXIII. Strohfeuer

glückliches Xanten du hast es besser
ergraben wird die Colonia Ulpia Traiana
kommenden generationen erhalten
als touristenattraktion auf dauer
gewinn für künftige generationen
hort weiter entwickelter forschung
nicht als strohfeuer rasch verheizt

XXXIV. Aschene Zeugnisse

auferstanden aus ruinen prangen
klütten im Brikett-Kabinett
erzählen von vergangenen tagen entbieten
ein pechschwarzes *PROSIT NEUJAHR!*

öfter vernahm man den ruf
GOTT STRAFE ENGELAND auf
eine klütte geprägt doch hat der
den frommen wunsch überhört

EIN VOLK EIN REICH EIN FÜHRER
wurde im april 1938 der braunen
kohle eingestempelt gesinnung
wie material perfekt verbindend

GLÜCK AUF! man kennt das ende:
ZEICHNET KRIEGSANLEIHE im
groSSdeutschen Reich und vor
der karte der eroberungen ein soldat

die karte vom rückzug kündend
von frontbegradigungen fehlt
als alles in scherben lag
schwarz ausgekohlt in ruinen

wählt *SED* – Liste Eins und ein
Berliner Bärchen denn Gruppe West
grüßt Willy Brandt auch Tünnes
und Schääl sind in kohle verewigt

SEKER BAYRAMY liest man auf
einem stück das eine moschee mit
schlanken minaretten ziert und:
zum 1. mai kam auch mal ein papst

dem *HAUSFREUND* ist eine klütte
gewidmet heizt er der dame des hauses
ANNA (ihr name auf anderer Klütte) vielleicht
ein während der hausherr auf schicht ist?

geschichte(n) in kohle geprägt
aschenes zeugnis des lebens
selten nur gelang dem konzern
so aufrichtig sich darzustellen

XXXV. Fachwerk

zermürbt von westwind und regen
hielten das dach einzig sträucher
zusammen statt eines rauchs den
schornstein überkräuselnd letzte
lebenszeichen nach dem wegzug

schief lehnte der giebel barg
seine schräge unter blühenden
kastanien stemmte sich gegen
den sturm endlose folgen von
wintern modellierten den bau

jahrzehnte trotzten die balken
würmern vieh und menschen
zuletzt verlassen launen der natur
bis brutal der bagger das
kunstvolle fachwerk splittern ließ

XXXVI. Diskurs

provinz wo liegt sie was zeichnet sie aus
beginnt sie bereits auf äckern
am rand großer städte
sind ihre merkmale
kuhfladen statt hundehaufen
auf weiden statt bürgersteigen
die höhe von kirchtürmen oder
wolkenkratzer der banken
symbole wirkmächtiger ideologien

vor jahrenden erkannte man
am mauerring die bedeutung von städten
manche wuchsen darüber hinaus
andere füllen nicht mehr ihren einstigen schutz
knapp nur überstand Lübecks Holstentor
den drohenden abriss im stadtrat
in Visby auf Gotland erinnern nur mauern
leer jetzt an bedeutung und größe einst

beide partner des weiten bundes der Hanse
wie auch Neuss oder Köln
waren tauschten sie aus und gedanken
das macht vielleicht den charakter aus
entscheidet über den stellenwert von orten
globaler austausch im dialog weltliteratur
kontakt kontinente übergreifend
gemeinsam fragen zu stellen
lösungen zu finden im diskurs
über wall und stadtgraben hinaus

XXXVII. Trefflich Symbol

souvenirs des kohlenreviers: ein
klüttlein als tintenfass das
schächtelchen für eiserne federn
zum schreiben in form einer klütte und
ein bronzener briefbeschwerer – natürlich
als klütte gebildet zwei dochte
beleuchten den schreibenden in
einer kerze als klütte weil Köln nicht
weit ist darf auch das obligatorische
fläschlein 4711 nicht fehlen apart
im gepolsterten mini-sarg in form
einer … na was denn wohl …
ein trefflich symbol für die kohle

XXXVIII. Fernwärme

als perle heimliches zentrum des Erftlandes fühlt
Bad Münstereifel sich seit menschen hier siedeln
als jäger und sammler feuerstein kunstvoll bearbeiten

bewahrt hat man diese tradition sie bewährt sich
allein heut' kommen sammler und jäger meist kurz seit
das städtlein als Outlet-Center neu aufschwung nahm

nun beleben shopping-touristen die wege schnäppchen
im blick fachwerk ziert prächtige bauten lang standen sie
leer unattraktiv zu bewohnen als laden ideal tauglich

stimmengewirr europäischer sprachen erfüllt die gassen
bringt leben in die stadt anreiz zu bewahren alte substanz
so gelang zu erhalten während woanders abrissbirnen wüten

im schutz der burg einer ruine prangt jetzt kunstvoll
beschnitzt das Windeckhaus das Romanische Haus zeigt
heimatgeschichte reste nur jüdischer friedhöfe überdauerten

fragmente von tempeln und eine kalkbrennerei
römische götter zerschlugen barbaren als heidnisch
verkauften kalksinter der aquädukte als Eifelmarmor

nach Skandinavien liefert man den kostbaren stein
richtet daraus säulen am Palas der Wartburg auf
oder in des großen Karl Pfalzkapelle zu Aachen

jäh stoppt den outlet-aufschwung der klimawandel
regengüsse lassen das flüsslein Erft anschwellen zum
reißendem strom brücken straßen spült er fort 2021

verendete rehe und ein autowrack fand man
in einem delikatessen-laden mitten in der stadt
verwüstet galerien buchhandlungen gaststätten

was in jahrhunderten entstand versank in der flut
sie als warnung zu erkennen gilt – zeigt sie doch
wie bedroht unser kleiner planet mühsam sich behauptet

hier war zu besichtigen was braunkohle-meiler
kilometer entfernt anrichten fernwärme liefern sie
befeuern mit verheizter heimat das klima weltweit

regelmäßig zelebrieren politik und presse
tage des gedenkens an die katastrophe
im schatten rauchender meiler und schlote

kriege zersplittern die welt und im
splitterfeld geht ein gespenst um
reich an erinnerungen das karge Erft-Land
an heere an verheerende plünderungen die
feldherren verschmähen es nicht erbeuten
auch kleinvieh pressen noch das letzte heraus
nie wieder aufgebaut das im krieg der konfessionen
verwüstete hochschloss auf steigen bilder
düstere schatten glaube und aberglaube toben hier
auch in der kleinen perle der flussauen dem
trutzig bewehrten städtlein Kaster umgeben
noch heute vom mauerring hoch oben vom
torturm blickt eine heilige aus dem
schneewittchensarg über den lauf
der zeit und den weg zum markt in richtung
eines denkmals inmitten des ortes:
wer vor diesem kreuze
5 Vater unser 5 Ave maria 5 Ehre sei dem Vater
andächtig betet gewinnt einen Ablass von 5 jahren

menschen als hexen verbrannt es triumphiert die
angst des zölibats vor dem weib
gespenstisch der aberglauben
fordert blutige opfer
hier feiert der gläubige wahn orgien
vor betreten des verrufenen Berrendorf in der
nähe riet man reisenden sich zu bekreuzigen
am heiligenhäuschen die dämonische gewalt zu bannen
wer vor diesem kreuze
5 Vaterunser 5 Avemaria 5 EhreseidemVater
andächtig betet gewinnt einen Ablass von 5 jahren

bis nach London gar und ins ferne Augsburg
sollen gerüchte gedrungen sein dass zu Kaster
gar böses sich umtrieb der Stubbe Peter samt
seiner tochter und *gevatterin* soll sich hier in
einen menschen fressenden *werwolf* verwandelt
haben und dämonische gräuel begangen
lange genug mit glühenden eisen gemartert hätt'
er gewiss noch gestanden er sei
der teufel selbst oder der papst
wer vor diesem kreuze
5 Vaterunser 5 Avemaria 5 EhreseidemVater
andächtig betet gewinnt einen Ablass von 5 jahren

fromme meuchler verächter des gebots nicht zu töten
der nächstenliebe quälten und mordeten Stubbe
mit seiner tochter fragten sich wohl andächtig wie
viele gebete erforderlich seien um weiterhin foltern zu dürfen
nie war so wohlfeil und auch so modern die metzelei
seelenheil am fließband montiert die produktion
der gebete getaktet vom rosenkranz
wer vor diesem kreuze
5 – 5 – 5 VaterunserAvemariaEhreseidemVater
andächtig betet gewinnt im
aderlass der sünden für 5 jahre
einen AblassLASSLASSLASSLASS

XL. Grabschänder

stattliche burgen und festungen prägen das erft-land.
arm teile der region karg viele leben, denn wenig nur
gaben manche böden her, doch auch um geringe ernten
stritten hohe herren sich, bauten wehrhaft,
um ihre städtchen und bauern, vor allem deren besitz
mühsam und hart erarbeitet, fest im griff zu haben

mit den herren von Jülich konkurrierten mächtige
fürsten der erzbistümer Köln und Trier.
reich durch abgaben, versuchten
des landes der kollegen habhaft zu werden, damit
was die menschen erarbeiten ihr säckel fülle,
ihren opferstock – nicht ins falsche bistum abfließe.
die dörfler galt es zu melken, um kirchen und
prächtige schlösser zu bauen, zur ehre gottes
zum ruhm ihrer stellvertreter auf erden

noch als ruine beeindruckend.
eine der stärksten festungen des klerus,
Lechenichs landesburg. errichtet vom erzbischof Kölns,
so prächtig im innern, dass sogar kaiser
und könige sich hier gern verwöhnen ließen.
ein schloss nannte sie nicht nur der volksmund.

doch nicht jeder war gern hier gesehen.
so ließ der fromme bauherr, Kölns oberster hirte
eine Mazewa klar zu sehen im torturm vermauern,
die jüdische inschrift lesbar nach außen gekehrt:
seht hier wohnt ein grabschänder und er,
stolz auf seine barbarei, mauert sein feindbild
gleich einem wappen ins tor, wie anderenorts
gut sichtbar judensäue an kirchtürmen prangen.

XLI. Grabmal in Glas

als sie ihr elternhaus verlassen musste
zur deportation nach Theresienstadt
war Sibilla Ullmann 74 jahre alt
aus Böhmen kam 1781 die familie
lebte über generationen in Rödingen
erwarb ein haus richtete eine betstube
darin ein für die kleine gemeinde

als im mittelalter pogrome von christen
im namen eines Heiligen Werner
zu mord und plünderung führten
erstarb das leben der alten gemeinde

weil eine neue entstand und wuchs
stiftete Sibillas großvater Isaak Ullmann
die synagoge 1841 klein und bescheiden
versteckt hinter seinem wohnhaus
lieber nicht auffallen mochte er denken
er kannte seine nachbarn mit dem kreuz

als nach 1933 wieder in pogromen
bürger jüdischen glaubens diskriminiert
wurden ermordet ihrer rechte beraubt
verkauften die erben des erbauers
der synagoge ihr eltern- und gotteshaus
ihren christlichen nachbarn 1934
günstig zu deren bedingungen

bescheiden der bau doch erhalten
als stummer zeuge belegt er
seine geschichte als gotteshaus
rundbogenfenster eine nische
geehrt bewahrte man Tora-Rollen auf
erhöht oben die frauen-empore
ein haken für das ewige licht

als Sibilla Ullmann aus dem fenster
ihres eigenen elternhauses
letzte blicke warf einmal noch
auf die ihr seit kindertagen vertraute welt
ritzt sie ihren namen in die scheibe
S Ullmann in dünnes zartes glas
wie oft mag sie geritzt haben
doch schließlich erwies sich das glas
weniger hart als die herzen der nachbarn
gebrochen an den ecken da
schuf sie ihr eigenes grabmal

als mahnmal überdauerten
wenige Mazewot nur isoliert
auf dem Rödinger friedhof
wie sie andernorts vereinzelt von
ausgelöschten gemeinden zeugen
etwa in Elsdorf dort verscharrte man
gleich auch noch zwangsarbeiter
verschleppt während des krieges
opfer hinter opfern zu verstecken
mag den verantwortlichen als
günstige lösung erschienen sein

als man Sibilla Ullmann ermordete
gemäß den Nürnberger Gesetzen
gewissenhaft kommentiert
vom juristen Dr. Hans Globke
lebte kein angehöriger mehr
ihr ein grabmal zu errichten
geritzt hatte sie es selbst
ins glas bei ihrem abschiedsblick

XLII. Wehrhaft

es geht auch anders doch so geht es auch
niedriger als das übrige land steht zu Thorr
nahe der Via Belgica schutzlos im garten
seit dem graben wasser fehlt ein winzling
kaum burg zu nennen ein schlösslein
stattlich als haus fest in backstein gemauert
fein gemeißelt der türrahmen im erdgeschoss
er führt auf eine zugbrücke ein rittersitz
bescheiden als wehrhaft einfamilienhaus
weit zurück in die antike reicht die tradition
übrig in den fundamenten der alten kirche
deren turm erinnernd Römerturm heißt
teile eines tempels Merkur zu ehren
grabsteine denkmäler für heilige Matronen

XLIII. Macht in Marmor

heut' haben landesherren keine festung
mit kanonen samt burggraben nötig
verschanzt hinter paragrafen
zeigen sie gern und stolz mammon
und macht glänzend in marmor
mit sprudelndem springbrunnen
groß wie ein städtisches schwimmbad
im innenhof hinter dem foyer
dienstwägen mit fahrer warten darauf
sie kommod zu chauffieren um
politiker in ihrem dienst zu erreichen

XLIV. Machiavelli der Erft

hartnäckig hielt lange sich das gerücht
die zuverlässigkeit der politiker zu gewährleisten
habe der konzern nicht nur auf landschaftspflege
finanzieller art gesetzt und partei-sponsoring
sondern auch darauf selbst festlegen zu können
im bereich welcher kommune welche gewinne
erwirtschaftet seien und deshalb steuern
in welchen dimensionen wo fällig wurden
geholfen haben soll diese argumentation
stadtobere bei laune und gefügig zu halten
auf divide et impera ist noch immer verlass
Niccolò Machiavellis geistiges erbe lebt

XLV. Vergessen im Amt

in Elsdorf sich anzusiedeln fand er ein haus
wunderschön gelegen ideal gebaut
geht ins katasteramt zu erkunden
ob es in der grube enden könne
einen weiteren umzug will er vermeiden

mehr aber noch angewiesen sein
auf fairness großmut und moral
eines konzern der bürger enteignet
seine aktionäre und funktionäre
politiker auch zufriedenzustellen

vernommen hat er erfahrungen
hilfloser eigentümer gezwungen zu überlassen
den tagebauern ihren besitz
ungeniert könne der monopolist als käufer
preise nach seinem gusto diktieren
streng wissenschaftlich ermittelt
von gutachtern auf folgeaufträge hoffend

karge summen biete der konzern empfehle
bei nichtgefallen bitte andere interessenten zu suchen
das stehe dem verkäufer jederzeit frei

sympathisch der beamte im katasteramt
der gewiss objektiv neutralen instanz: der stadt
raucher wie er auch allein die pfeifentasche
voll duftenden tabaks macht ihn glaubwürdig
nein beruhigt könne er sein der Ginsterweg
in Berrendorf-Wüllenrath werde nicht abgebaggert
hier sei der rand des tagebaus eingezeichnet
rund tausend meter von dem haus entfernt

nachzulesen dokumentiert auf dem
amtlichen stadtplan als beweis
schenkt ihm zur bekräftigung noch die karte

doppelt beruhigt fährt er heim berichtet der frau
vom verlässlichen freund des tabaks und
vor allem dem objektiven papier mit stempel
der auskunft des städtischen beamten
getrost könnten das haus sie erwerben
habe der verantwortliche im rathaus versichert

weit später erfährt er dass im amtlichen dokument
bloß abbaubereich Hambach I eingezeichnet war
während bereits Hambach II geplant wurde
dem just sein haus zum opfer gefallen wäre
was der nette mann im amt zu erwähnen vergaß

XLVI. Vorruhestand

unmissverständlich macht der chef im rathaus
dem mitarbeiter des ordnungsamtes klar
nicht vereinbar für einen städischen beamten
nicht in ordnung angesichts seiner aufgaben
sei mitwirkung in einer bürgerinitiative
gegen den größten steuerzahler der region
den betreiber der braunkohle-tagebaue
erst recht nicht posts in sozialen netzwerken
mit kritik am arbeitgeber tagebau-konzern
tolerant sei die stadt dulde meinungsfreiheit
aber doch bitte nicht überall und immer
als einzige beförderung seiner weiteren karriere
blieb dem beamten der schritt in den vorruhestand

XLVII. Lebensraumkrankheit

seit dem kahlschlag schützender wälder reißt westwind ungehindert am dach
rüttelt die pfannen lässt balken knarren sogar die wände scheinen zu beben
und wirbelt zerstäubte braune kohle durch entlaubte zweige
gleich schwarzem schnee als leichentuch über das land
jenseits vom wall direkt innen am grubenrand kreischt mein bagger
beschienen von sonne und mond keinen kilometer von mir entfernt
auf der halde der absetzer wirft brocken aus großer höhe ab
auf den abraum ihn zu verdichten lässt sie zerstieben zu feinstem staub
sie schaufeln uns sand in die augen nicht zu sehen den raubbau
er lässt meine zähne knirschen bläst kohle durch alle ritzen ins haus

woanders leben könne sie nicht sagt meine nachbarin schon seit
generationen bestellt ihre familie äcker und wiesen rings um das dorf
glücklich waren sie hier so lang noch gesund kinder spielen konnten
atemnot kannten sie nicht luftkuren am meer zur erholung unnötig

lange schon ist entlang der Ruhr die steinstaublunge anerkannt
eine berufskrankheit – hier leiden kinder chronisch an bronchitis –
darf man den wohnraum als beruf begreifen ist umgebung
unabänderlich den bewohnern zu vergiften statthaft und legitim?
sollte man gerechtigkeit und vergleichbare muster zu schaffen
pathologische folgen zu benennen sprechen von lebensraumkrankheit?

XLVIII. Überlanger Sarg

als schrundige narbe quer durch blühendes land tief und weit
klafft von Hambach bis Bergheim die alte fernbandtrasse zerschneidet
wäldchen wiesen und felder gewachsene natur geopfert
dem abgeteuften graben des abraumförderbands
umgewidmet jetzt als freizeit-asphaltpiste ohne ausblick zum horizont
reicht die sicht auf böschungen bricht sich an brücken perspektivlos

giftigen qualm verfeuerter heimat braunkohle fressender dreckschleudern
sie trüben die sicht ihn hat der radler im blick bei seinem sport
genial das konzept vor allem billig als terra nova neues land
bürgern alte hüte zu verkaufen die wertlose strecke der abraumbahn zur
modernen freizeitachse zu verklären statt sie zu verfüllen und rekultivieren

verblüfft vernehmen menschen wie politiker um gunst der manager buhlen
Elsdorf im staub des tagebaus avanciert zur grünen stadt am grubenrand
als touristisches highlight verkauft man die *terra nova* der bolzplatz unweit
des PR-Forums sei ein guter ersatz für den zerstörten Bürgewald

die *Sofienhalde* gar hört sich gerühmt als *Erftländische Schweiz* -
Fontane spöttelte vor über 100 jahren angesichts dieses vergleichs
der tourismusindustrie: *die Schweizen werden jetzt immer kleiner*

in einen überlangen sarg gezwängt den blick tief unter freiem himmel
fühlt sich der mensch in diesem hohlen weg durch den er kommen muss

XLIX. Grenzenlos

hoch in den wolken frei näher zur sonne
über sich hört er schreie von kranichen
südwärts zieh'n sie in spitzen dreiecken
gen Spanien der wärme entgegen suchen
heißeres licht flüchten in frischere luft

dann plötzlich über der braunkohlegrube
löst sich das dreieck der fliegenden auf
die vögel nutzen die thermik lassen sich tragen
hoch und höher wirbeln empor wie all der
feinstaub emporstiebt verteilt unsichtbar

über den wolken grenzenlos zu schmecken
mit der zunge in der lunge spürbar
nach jahren als krebs dort frisst er sich durch
wie tagebaue ins land reißt bürger ins grab
glücklich die kraniche sie entfleuchen gen süden

L. Kapitulation

heldenhaft verteidigten sie noch in den letzten tagen
das Nazi-Reich gegen seine befreiung seitdem fehlt
neben der alten römischen straße Grouvens burg der turm
warum kapitulieren sie jetzt vor dem tagebau

LI. Perspektiven

Strabon beschrieb Aggripas straße von Lyon nach Köln
erfasst war sie im Itinerarium Antonini dem register der wege
wie sie die Tabula Peutingeriana präsentiert in ihrem verlauf

heut' legen vor den göttlichen matronen des kleinen heiligtums
bei Nettersheim nahe dem römischen Vicus Marcomagus
versunken weil als heidnisches erbe zerstört in der tempelanlage
oft gläubige an dem weihestein opfer nieder früchte und obst
stellen brennende kerzen auf gilt es doch außer den göttinnen
menschenrecht als prinzip zu ehren: gleichberechtigung

gut gewählt hatten die alten den standort weit oben
perspektiven des blicks über höhen der Eifel in eine zukunft
nach überwindung des patriarchats wohl träumten davon
bewohner der antiken siedlung und reisende bei ihrer rast
schutz suchten sie und geborgenheit bei den göttinnen
den aufrecht in stein thronenden *Aufanischen Matronen*
verbreitet im Römischen Reich und Germania inferior

technisch damals auf aktuellem stand befand sich fast
nebenan der römische brunnen flankiert von Gorgonen
Köln mit quellwasser der Eifel gesund zu versorgen
im mittelalter verfallen leitungen nehmen krankheiten zu
inzwischen sprudelt wasser frisch wie einst doch noch
immer hapert es an fairen chancen für alle geschlechter

unseren wald daheim zu schützen ihn vor rodung zu bewahren
siedeln sie in hambachs forst bauen in und auf den bäumen
unten auch ganz tief im gras friedlich hütten alter art
in keltischer manier leben einig dort in frieden im rhythmus der natur

unsern lebensraum zu schonen ist ihr ziel zu retten ihn vor baggern
angetrieben nur von profitgier pur der konzerne denen reine luft und
gesunde umwelt scheißegal sind – sie bereichern sich am kahlschlag

Nils aus Wien und Tine aus den Niederlanden treffen hier
verteidiger der umwelt angereist aus England und Amerika
meere kontinente und auch sprachen überwindet friedlich heiter
ihre phantasie ihr widerstand gegen raubbau der giganten
weltweit trifft der klimawandel menschen aller lebensräume

junge leute ihrer schule kaum entwachsen lebensklüger als wir alten
die wir noch befangen in dem wahn längst vergangener tage denken
noch verhaftet angestaubtem glauben der ideologie des wachstums
alles müsse größer schneller stärker werden und dabei vergessen
mit der endlichkeit zu rechnen sägen wir den ast auf dem wir leben ab

unserm goldnen kalb dem traum endlos auszubeuten den planeten
uns die erde untertan zu machen folgen wir – letztlich nur zu opfern: uns

doch am ende wird der irrwitz sichtbar unbewohnbar dann die erde
menschenleer weil lebensfeindlich weiter wird sie existieren
munter ihre runden drehen in dem kreise der planeten
glücklich ächzend weil befreit endlich – von schädlingen wie uns
kurzfristig gewinn zu buchen nehmen wir die katastrophe
sehend gern in kauf lassen dingen auch den schlimmsten ihren lauf

habt ihr warnten einst die weisen auch den letzten baum gerodet
werdet ihr erkennen geld kann man nicht essen heiden nannt' man sie
erschlug fromm das kreuz erhoben friedliche bewohner alter wälder
blind und taub statt ihr wissen anzunehmen als geschenk

ihr respekt vor leben geht so weit dass die jungen leute rein vegan
ihren hunger stillen nicht nur denken sondern handeln
niemand schädigen ist ihr gebot nichts das lebt das augen hat und
fühlen kann verzehren sie laben sich an gaben nur von unbeseelter natur

sanft und schwach nur ganz von fern weht ein leiser schimmer hoffnung
über ihren köpfen abends wenn sie schildern was am tag im wald geschah
vom bau der behausungen berichten vom mühsamen ausschachten
der erde als kühlraum für speis und trank da erblickt man einen gruß
aus alter zeit mitten an der wand trutzig-stolz: die regenbogenfahne

das zeichen des bundschuh friedlicher bürger und bauern sie
wehrten sich gegen feudale macht forderten als menschen rechte
wollten nicht mehr geplündert werden als leibeigene knechte
geschlagen ans kreuz der ideologie vom gottesgnadentum

LIII. Schloss Münchhausen

als der konzern der braunköhler ein neues restaurant
unter klingendem namen – die tristesse des hauses und
der grube verbal übertünchend: *Terra Nova* – errrichtete
fast direkt am rand der der grube mit blick in den abgrund
stellte er es auf fundamente der etwas anderen art:
gewaltige hydraulische lager bewährt bereits
unter der gut befestigten soliden zitadelle in Jülich
genau jene erdbewegungen auszugleichen
bergschäden zu vermeiden unter denen viele hier leiden
deren ausmaß der konzern vehement bestreitet

errichtet im 12. jahrhundert überstand Bergheims St.Remigius
über der geologischen störung des Giersbergsprungs
alle unbilden der zeiten kriege und stürme
einsturzgefährdet erst nach der absümpfung des grundwassers
als mauerwerk und gewölbe darauf mit gewaltigen rissen
beängstigend reagierten abbruch und neubau nahelegten

kulant spendierte der konzern der mächtigen kirche
nach deren diskretem doch unüberhörbarem protest
einen starken balkenrost und massive betonfundamente
wuchtige elektronisch gesteuerte federn gleichen
schwingungen des bodens durch den tagebau nun aus

unsere *kirche auf stelzen* scherzen gläubige
wir beten im pfahlbau wie menschen am bodensee
wäre nicht fair ähnlich sichere fundamente
allen betroffenen anwohnern zu bieten statt
nur gutachten und schlichtung zu finanzieren

die manager geben vor den namen nicht zu kennen
den der volksmund weise wie so oft
ihrem bunker am tagebau-krater verlieh: *Schloss derer von Münchhausen*
auf abrissbirnen reiten sie statt auf kanonenkugeln

LIV. Balsam

where have all the flowers gone fragen wanderer
besucher der aussichtspunkte beim blick in die grube

deren schmutz bläst der wind dreck und feinstaub
gift für die lungen jener anwohner die geschlagen sind mit
solch mächtigem konzern der alles plattmacht was sie lieben
wer solche nachbarn hat braucht keine feinde

wehrhaft zeigt sich die natur balsam gebend und friedlich
weht hilfreich samen über die aufgerissene erde
abends zeigen sich Mohn und Margeriten Nachtkerzen auch
spät blühen die auf als wollten sie das dunkel verlachen
giftigen braunkohlestaub des landes finsteres totentuch
zuerst blüht heilsam ihren duft verbreitend Kamille

LV. Der Zug war pünktlich

es scheint des landes immer mehr der brauch
dass man über den haufen wirft was wert und tradition
bagger und bohrer fräsen sich durch Kölns römische villen

praktisch fanden die amtlichen bauherrn der U-Bahn
dass vieles bereits kleinteilig überliefert ist: sie brauchen
mosaike und gläser nicht selbst zu fragmentieren

wegen reicher bodenschätze beschloss man
an haltestellen zu graben musste dort auch das erdreich
der oberfläche weichen vorsichtig ging man in die tiefe

grabfunde skulpturen schmuck kamen zum vorschein
anders unter tage – dort wurde alles zerfräst
doch derlei sagen archäologen nicht so gern laut

erfolg spornt an der klüngel triumphiert
gleich mit entsorgt: Kölns stadtarchiv
begrub zwei menschen unter sich

U-Bahn-Räder müssen rollen für den sieg
selten genug – der zug war pünktlich
vergrub auch manuskripte Heinrich Bölls

demonstrativ im blitzlichtgewitter der presse
räumt auch der herr oberbürgermeister mit auf
kostbare dokumente Bölls rettet er unversehrt

LVI. Palmyra an der Erft

zerstörungen dieser art kannte man
eher vom IS in Palmyra oder der anlage
von stauseen in gebieten der Kurden
wie das seit der antike ruhmreiche
Hasankeyf am Tigris im areal der Türkei
als kurdisches Hesenkêf der regierung suspekt
der Taliban im tal der Buddhas von Bamiyan
oder vernahm es aus China doch
auch hier leisten konzerne ganze arbeit
im erftländischen Palmyra
der gemeinden Garzweiler Hambach Inden

LVII. Jupp mit dem Strick

was aber bleibt versunken nicht ist in der zeit
bergen archäologen bewahren fotografen
stiften die dichter auch bilder künden davon
in einer ausstellung am neuen bürgerhaus

traditionsreich der hof ablesen lassen sich
mühelos jahrhunderte seiner geschichte
fachwerk und lehm hielten ihn zusammen
und als spolien römische weihesteine

betroffen eine gruppe älterer herren
flüstert einer Jupp … mit dem strick …
zerstört war die folge der generationen
abgerissen mit den gemäuern der alten
das raubt ihm zuletzt den lebenswillen

LVIII. Versiegelt

unaufhörlich auch im kleinen die zerstörung der umwelt
zahlreiche igelmütter zeigten als wir kamen sommers stolz
ihren nachwuchs doch seit jahren fehlen sie und ihre kleinen
in geschotterten gärten dicht gekapselt durch enge zäune
kies statt beeten und blumen versiegelter lebensraum
für insekten – das enspricht dem raubbau der bagger
im eigenen garten vor der eigenen haustür

LIX. Heimatvertriebene

waldvögel bevölkern unseren garten nie zeigten früher
sich stieglitz sperber buntspecht buchfink und eichelhäher
begeisterten uns in bäumen am haus bis wir langsam begriffen
vertriebene auch sie aus ihrer heimat dem Hambacher Wald

LX. Orthographie

mit blüten ihren namen zu schreiben in die wiese
bemühte er sich vergrub zwiebeln dem lauf der
versalien folgend im boden allein die orthographie
der krokusse machte die arbeit zunichte üppig
wuchernd bildeten sie prachtvolle hieroglyphen

LXI. Verbrannte Erde

trostlose öde schrunden löcher im erdrund
riesige tiefe wunden nicht vernarbt wo einst
leben blühte umschwirrt von insekten
bäume rauschten im wind vögel sangen
staub nun und dreck in böen sie
blasen in augen mund nase den schmutz
um kohle zu raffen sie zu verfeuern
momente des glücks und erinnerungen
kultur und kunst der jahrtausende und natur
schemen bleiben nur davon schatten
die grube als gleichnis verbrannter erde
wie vor Stalingrad oder in Mariupol
aufgeheizt hier mit hohen öfen das klima

LXII. Erschlagen

rostende spuren jüngerer zeit
birgt der boden auch von kämpfen und tod
allerdings nicht gegen das eigene volk
sondern zu dessen befreiung
allein das verstanden die Deutschen damals nicht
folgten blind ihrem führer
zurück auf ihrem weg zur rettenden insel
kam eine Lancaster von Köln
stotternd mit schwächelnden propellern
verlor an schützender höhe
bohrte sich tief in den boden
wie ein wunder mutet an: der pilot überlebte
allerdings nicht lange
mit schaufeln erschlugen sie ihn noch auf dem feld
der aus dem brennenden wrack sich
zu retten vermochte

LXIII. Verkehrte Welt

jung die reste eines bergwerks kurz nur betrieben
es kommen jetzt stollen ans licht der tagebau fördert
was sonst tief verborgen geschlummert tritt zu tage
so wird unversehens aus dem bergwerk ein tagebau
verkehrte welt verblüfft stehen frühere kumpel
vor gängen abgeteuft und abgestützt einst nun offen
zugänglich fast – bis wieder der bagger zuschlägt

LXIV. Dokumente

was bleiben soll stiften dichter
was überdauern und aufrütteln
dokumente handfest als beleg
gebannt mit lichtbildern in die datei
schaffen menschen hinter der kamera
kriegsfotografen riskieren ihr leben
das anderer zu retten kultur zu schützen

die umweltschützer fühlen sich
hoffnungslos unterlegen der gewalt
des staates wie der konzene
beide einträchtig im geschäft
gegen den wald von Hambach

junge leute häuser bauen sie
in die zweige der kronen
fast verwachsen mit den bäumen
behutsam ohne stämme zu verletzen
rein aus liebe zur natur

anrücken lässt der staat
ein großaufgebot von polizei
gefährdet seien die bäume
ohne baugenehmigung die häuser
brandschutz nicht beachtet im wald
vor der abbaggerung sei bedroht
durch baumhäuser der umweltschützer
was endlich abgeholzt werden soll

katz und maus in der höhe
spielen beamte auf hebebühnen
manche mit ingrimm brutal zugreifend
andere schlechten gewissens

lärm der sägen übertönt und
krach von motoren der kräne
das sanfte zwitschern der vögel

dazwischen wie ein eichhörnchen
Steffen Meyn der fotograf
stets auf dem sprung
beste perspektiven zu erhaschen
sich nicht fangen zu lassen über
zahlreiche äste taue leitern und brücken
quer durch den wald geht die hatz bis
er einen polizisten zu spät bemerkt

betroffen halten beamte inne
schuldig fühlen sich manche
andere sehen die verantwortung
allein bei der landesregierung
gestoppt wird die aktion vorerst
weitergeräumt nach kurzer
schamfrist zur bewältigung von trauer
bis zum endsieg über wald und bürger
offiziell geschehen zum zweck der sicherheit

kaum als besonders aktiv und tatkräftig
gelten behörden und ihre beamten
vielen bürgern lange warten die oft
auf dienstleistungen wie kirchenaustritte

ein beliebtes geschenk liebevoller
beamtenkinder hört man sei
zu weihnachten die neue dienstbrille
mit aufgemalten weit geöffneten augen

überaus schnell dagegen
fiel die entscheidung
uralte bäume zu fällen
ebnete man behördliche wege
gab dem amtsschimmel sporen
mögliche risiken im blick
die man schielend übersah
gut dokumentiert auf dateien
zeugen die vom tödlichen ende

LXV. Steinigung

erdrutsche nächtens gepolter erschrecken anwohner
dröhnend rumpeln den hang hinab brocken und geröll
künden an der böschung davon wie instabil die lage
die witwe aus Nachterstedt in Sachsen-Anhalt
trauert mein mann ist tot und uns're kranken Nachbarn auch
kalt war der abendhauch und *laß uns ruhig schlafen*
verschüttet unterm schlamm *und lässt euch grüßen*
doch statt die grube dicht zu schließen
durch arbeiter und bagger die *meng' auf menge* schaffen
verlängt sich stetig nur *der unternomm'ne graben*
jedoch man spricht wie man uns nachricht gab
von keinem graben – doch vom grab
an dessen rand habt raunt es aus der tiefe dunkel
ihr einen auf den könnt ihr niemals bauen hütet euch
abstand wahrt lauft weg solang' ihr könnt
lebt nicht im wahn der sicherheit
sonst dräut euch steinigung

LXVI. Eroberer

am Amazonas und anderswo naturreligionen und ihre anhänger
respektieren Mutter Erde jagen und ernten genug
gesund und glücklich zu leben heilig war ihnen ihr lebensraum
missionare auch andere eroberer kamen mit überlegenen waffen
musketen kanonen predigten ideologien ihrer eigenen götter
mordeten unterdrückten verachtete waldbewohner

machten fremde erde sich untertan bodenschätze und tiere
zu denen priester auch einwohner zählten als sklaven
so beuteten die frommen brutal legale besitzer der wälder aus
natur galt als hindernis war objekt ihrer begierde
just so erleben bürger im land der tagebaue sich
hat doch der landraub tradition gefeiert von den siegern
stets schrieben sie geschichte verbuchen die gewinne

LXVII. Weg und Ziel

wo stammen wir her wo führt hin unser weg fragt man
entlang der Via Belgica verschüttet zwar unter der halde
dank solider fundamente noch leicht zu erkennen

weit in die neuzeit gut als verkehrsader quer durch das reich
seit ochsenkarren rappelten reiter gallopierten wanderer schritten
legionen marschierten solide reisewagen römischer herren hier rollten
bewacht von göttern bronzenen heroen himmlischer herkunft
halbgötter darunter Herkules verantwortlich für handel und verkehr

kleinbürgerlich und streng geschieden sind aufgaben und macht
bei den unsterblichen – so berichten ihre priester das erinnert
als geschäft von profis an den *Jahrmarkt von Soho*
eine idylle wo *bettler betteln diebe stehlen huren huren*

römisch der weihestein im schatten des türmchens auf dem abraum
als landmarke wies er weg und weite gewidmet einem Konstantin
einst errichtet am alten Fernhandelsweg neu nun aufgestellt
weil grube und halde seinen platz raubten entleert seines sinns
symptom dafür wie alles dem tagebau weicht entwertet wird entfremdet

Iuppiter Optimus Maximus als himmelsherrscher thront er
der göttervater inmitten des kreisverkehrs von güllewagen umrundet
garniert wie bewacht vom preußischen obelisken
hat der antike herrscher des universums nun tristesse im blick

die steine markieren richtungen zu reisen horizontal und vertikal
weisen weg und ziel zur see ins offene auch tief in den brunnen
der vergangenheit – doch auch voran in eine lebenswerte zukunft?

LXVIII. Goliath

aus großer höhe ein luftbild geschossen von einer drohne
zeigt es spuren der alten hofanlage einst das herrenhaus
ein kleines schloss mit wirtschaft samt park und garten

idylle pur und doch einer umfriedeten festung gleich
stallungen für vieh und gerät drei flügel zur repräsentation
familientauglich zu wohnen seit generationen vererbt

mit wegen felder zu erreichen kreisrund angeknabbert
unterhöhlt vom schaufelrad des baggers der gräbt als sense
etagen der erdschichten ab den lebensfaden der familie
für die geschäfte ein fortschritt: Goliath frisst David

LXIX. Denkmalschutz

in zerbaggerten dörfern hört man gab es anlagen
denkmal-geschützt so bedeutend in ihrem wert
seltener architektur als zeugnis von geschichte und kunst
dass ihren besitzern verwehrt ward vom amt
behördlicher retter und bewahrer der kultur
sie zeitgemäß mit solardächern auszurüsten

LXX. Bestandsaufnahme

humor besitzen sie tauften einen der tagebaue Zukunft
amüsant nur der titel

ablenkung von den verlusten war das ziel
hier die zerstörten orte und ihre namen:

Fortuna Kloster Bethlehem Garsdorf Frauweiler Wiedenfeld Montagsend Winkelheim Buchholz (Bedburg) Burg Holtrop Giersberg Bedburg-Ost Geddenberg Mödrath Bottenbroich Habbelrath Grefrath Boisdorf Belmen Elfgen Garzweiler Holz Immerath Lützerath Morken-Harff Otzenrath Pesch Priesterath Reisdorf Spenrath Schloss Harff Keyenberg Kuckum Unterwestrich Oberwestrich Berverath Etzweiler Burg Reuschenberg Lich-Steinstraß Manheim Morschenich Tanneck Altdorf Geuenich Inden Pattern Pier Pommenich Vilvenich Lohn Pützlohn Erberich Fronhoven Rittergut Hausen Langendorf Langweiler Laurenzberg Lürken Obermerz Velau

wer zählt die orte nennt die namen die im abraumwall zusammenrieseln
geschredderte erinnerungen geschichte aufgehäuft als müll
diese in Nordrhein-Westfalen allein – doch gingen anderweitig ebenso
lebensraum und heimat natur-reservate auf in rauch
wahrscheinlich reichten die hölzer entlang des Amazonas nicht
papier für listen und nachrufe zu gewinnen all die orte zu würdigen
wohnungen vertriebener eine bestandsaufnahme verlorener existenz

LXXI. Versiegt

nicht einmal karge kahle zugewucherte wüstungen mehr
einst erstreckten sich Etzweiler Steinstraß Tanneck hier
kräuselte rauch – doch was bleibt von all dem
als das gigantische nichts hunderte meter tief
wenige namen für einst blühende orte stehen sie

schutt wurden sie reich an bruchstücken frohen lebens
vernichtet menschliche kunst und leistungen
blühende prosperierende dörfer von kinderlachen erfüllt
gebrüll von ochsen meckernder schafe ziegen
picken scharrender gackernder hühner
tanz und musik zu den festen läuten der glocken von turm
karnevalslieder gesungen gemeinsam mit lust
verklungen all das übertönt vom rumpeln der bagger

verschlungen von der grube der gruft dem grab
trümmer aufgetürmt zum schuttberg mit schönem namen
sophie – wer nennt hier im kreis sein kind noch so? –
makaber dass er im griechischen für weisheit stand
zerhackte erinnerung an glück von generationen

billiger als die grube wieder zu verfüllen
ist sie absaufen lassen zu fluten mit wasser vom Rhein
schiffer klagen der sei jetzt schon versiegt
kaum eine wasserstraße mehr im sommer
zu flach Deutschlands und Frankreichs strom

LXXII. Garderobe

posthum ein ehrendes plätzchen fand er
nicht in einer kirche doch am rathausturm
vermag von dort der verleihung des preises
beizuwohnen in seinem namen verliehen
regelmäßig im hilligen Köln in der Piazzetta

lang hat es gedauert den nobelpreisträger
einzubürgern in sein land und seine stadt
schmähte man ihn den dichter
als terroristen-sympathisanten
unter dem pseudonym *Katharina Blüm*
habe er gewalt gerechtfertigt
hieß es aus berufenem SA-Munde

Heinrich Böll und Günter Wallraff
setzten sich ein für freie presse
die diesen namen verdient verbrechen aufdeckt
mit dem roman über *Katharina Blum*
als journalist Hans Esser wie Messer
was bei dem revolverblatt gut ankam

sie leisteten widerstand gegen die hetzpostille
bevor der begriff *alternative Fakten*
zur umschreibung von lügen aufkam

hinein weht in den Rhein-Erft-Kreis der geist
aufrechter aufrichtiger aufmüpfigkeit
weht rheinischem klüngel und lobby-kumpanei entgegen
spenden an parteien und verbände
frisch der wind von der Eifel er bläst
korpsgeist und muff der tausend jahre fort

In die stille von Langenbroich in der Eifel
hatten Annemarie und Heinrich Böll

sich zurückgezogen als die anfeindungen
neuer alter kameraden überhand nahmen

dort bot er anderen verfolgten schutz einer
Nobelpreisträger wie er selbst
Alexander Solschenizyn ausgewiesen
aus dem Gulag Sowjetunion
aus der DDR hetzt Lord Hacks
als Böll Wolf Biermann dort verfolgt
aufnehmen will und einlädt zu gesprächen

so steht er aufrecht kann nicht anders
im abseits zwischen stühlen aller lager
erfahrener soldat gelernter demokrat
weltweit gelesen ein muster an zivilcourage
als überzeugter christ kehrt er der kirche
den rücken offiziell in Dürens Amtsgericht

deutsche polizisten stürmen bewaffnet als er
beim kaffee sitzt die kleine klause in der Eifel
Böll lädt die herren ein zu kuchen bittet höflich
maschinenpistolen abzulegen: an der garderobe

LXXIII. Concerto Furioso

einsam Immeraths Dom schmächtiger als der zu Köln
aufrecht als schatten seiner selbst verlassen ein mahnmal
müll und steinhaufen umgeben ihn ödnis pur
doppelt die türme emporgereckt noch wie schwurfinger
wuchtig die masse neoromanisch aufgerichtet
längst zerstört stattliche bauten um ihn als bagger anrücken
auch das gotteshaus in schutt und trümmer zu legen
wenige der kostbaren bilder der fenster bunt verglast
erzählten sie geschichten über Immerath und den glauben
gestiftet von bürgern konnten kunsthistoriker retten

gewalttätig schiebt sich die zange vor an hohem arm
zerbeißt den schlanken turm schreddert runde kleeblattfenster
über dem glockengeschoss berstend stürzen filigrane säulen
den dachstuhl der turmhaube gelingt es komplett zu verderben
fortissimo im freien fall gnädig verhüllt aufstiebender staub
das ende der fein gegliederten türme

bomben verschonten die kirche nun schleift sie der markt
die fortsetzung des krieges mit anderen mitteln durch politik
dienste gesimse und bogenfriese fialen und strebepfeiler
sorgsam und kunstvoll gemeißelt gemauert für ewige zeit
fallen in sekunden der industrie krachend zum opfer

so begann das concerto furioso nicht per abrissbirne sondern
als largo im duett im gleichschritt anrückender bagger
sie gehen der apsis zu leibe greifen von beiden seiten an
ausgerüstet mit schaufel und einer gigantischen zange
an scheren eines krebses erinnert sie mit ihrem biss

die besiegen mühelos das elegante rund zuvor barg es
altar und tabernakel hier feierte die gemeinde andächtig
nun zerstäubt das allerheiligste vor aller augen
aufgefächert das dach gleitet laut krachend zerrissen zu boden

obergadenfenster mit zartem maßwerk nimmt der bagger
über der wand mit den stationen von Christi leid
dann ins visier drückt die säulen und mauern beraubt ihrer stützen
gewaltsam dorthin wo kurz zuvor beter saßen
so sinken gewölbe zusammen ergießen trümmer ihrer malereien
in die weite des langhauses lichter nimmt man es jetzt wahr als zuvor
mit offener flanke doch ohne sonne scheint auch der himmel
zu weinen angesichts der brutalen zertrümmerung
einst trennt ein schlanker bogen das langhaus ab
gegen die vierung nun hängt er frei in der luft – nicht lange
das querhaus mit kunstvollem maßwerk der fensterrosetten
geboren aus staub zu staub soll es werden zerbirst in der zange

zaghaft beinahe wie von respekt gebremst dann die attacke
gegen die sakristei als hingen hier noch kostbare gewänder
stünden gediegene kultgeräte aufgereiht zum gebrauch
kelche und kannen für brot und wein zur feier der Eucharistie

LXXIV. Exegese

bekannt das faible zölibatär lebender herren für ministranten
beliebt und bewährt als wirtschaftsfaktor seit dem mittelalter
reste von heiligen zur schau zu stellen genial die idee
reliquien eines kindes zur anbetung zu offerieren
wie in Aachen alle paar jahre scharen von pilgern
und freigiebigen spendern lockten und locken sakramentalien an

nur konsequent war es da jesu windel gewinnbringend zu zeigen
vorausschauend hatte maria sie zu waschen vermieden und verwahrt
für liberalere patres – ältere knaben schätzen sie zu frommem verkehr –
ist auch jesu lendentuch zu besichtigen während der heiligtumsfahrten
gläubige stiften gern letzte taler gute logenplätze im jenseits
sicher zu kaufen

als kassenschlager präsentiert man im hilligen Köln
der drei könige gebein – als man den schrein einst öffnete
sollen Tünnes und Schäl ehrfurcht im gesenkten blick
zwischen gläubigen gekniet haben
erstaunt erkannte der bischof
wie klein die gerippe bei licht besehen ausfielen
klar aus Mailand kamen sie – kriegsbeute! – über die Alpen
wer schleppt sich freiwillig ab mit unnötig schwerer heiliger last
doch wie verkauft man diese enttäuschung der frommen andacht?
Tünnes und Schäl retten mit ihrer exegese die situation:
das waren die Könige, als sie noch Kinder waren! amen!

LXXV. Schlachtfeld

distanz hilft dinge zu erkennen weitet den blick
auf luftbildern erst recht aus dem all
erfasst man dimensionen der tagebaue

bescheiden muten die namen der gruben an
romantisch fast idyllisch sie klingen nach urlaub
Hambach Garzweiler Frechen Ville und Fortuna
namen mit langer tradition lebendiger siedlungen

gewaltig der keil getrieben zwischen die städte
Düsseldorf Neuss Dormagen Leverkusen Köln Bonn
Euskirchen Zülpich Düren Eschweiler und Stolberg
Alsdorf Herzogenrath Geilenkirchen Heinsberg
Hückelhoven und Wassenberg Mönchengladbach
und Roermond natürlich auch Aachen

feinstaub in der luft grundwasser senken sie ab
bodenbewegungen überall im land
krebs frisst sich durch lungen und böden
unterminiert durch den wasserverlust
von oben und unter der erde dräut unheil
doppelt geschlagen die menschen

engelsschwingen wünschen manche sich
zu entkommen in eine raumstation doch gerade
von dort wirkt die kraterlandschaft der gruben
wie ein schlachtfeld zertrümmert vom krieg

LXXVI. Verachtung

mit welchem recht ihr älteren, eltern unser, väter und mütter
fragen im Hambacher Wald und in Lützerath
junge leute verzweifelt über jahre verlacht ihr
unserer generation unserem leben verpflichtet uns

mit welchem recht zerstört ihr unseren lebensraum
warum nur soll dieser kahlschlag sinnvoll sein warum
ihr gabt uns euch zu vergnügen
das leben – das sei euch gegönnt

ohne nachzudenken über unsere zukunft
macht untertan die erde eurem profit allein
vernichtet den planeten nachhaltig

mordet uns indem ihr der grundlagen zum leben
uns unserer erde beraubt
mit welchem recht verachtet ihr uns nun so sehr?

demokratisch gerecht wird feinstaub verteilt
bagger und absetzer lassen erdreich kostengünstig
aus großer höhe fallen zerstieben in alle winde
lang schwebt er in der luft kommt in weitem radius
wie staub aus der Sahara Afrikas
vielen bürgern nicht nur unseres kontinents zugute
statistisch berechnen lässt sich
wie viele monate lebenszeit feinstaub
der tagebaue aus Deutschland jeden menschen kostet
für alle bürger fair sozialisiert wird hier der tod

LXXVIII. Ondit

dass die grube stäube freisetzt
radioaktiver art
auch sie wie ihre schwermetalle
gerecht verbreitet zugunsten aller lungen
bei messungen mehr zufällig bloß
kam das heraus einem ondit zufolge
indiskreter doch verantwortungsbewusster
physiker des Kernforschungszentrums Jülich
ein zufalls-befund auch die entdeckung
von methan auf satellitenbildern von Hambach
welch glück dass es zufälle regnet
vom himmel wenn schon nicht hirn

LXXIX. Naturgewalten

beißende kritik von politikern lobbyisten
vertretern der Clean-Diesel-Mär
bossen fossiler industrien
trifft engagierte umweltschützer
vergiftetes lob auch – charmant sie zu umgarnen

politisches engagement toll! von schülerinnen und schülern
applaus mit abwehr gespickt:
doch könnten jugendliche wirklich globale zusammenhänge
technisch sinnvolles ökonomisch machbares verstehen?
allein aufgrund ihres jungen alters! nein!!!

einer umweltaktivistin bot man einen lukrativen job
lockte mit gold biss auf granit
ging es ihr doch um bewahrung der schöpfung

politik und wirtschaft sei keine aufgabe für idealisten
katastrophen wie an der Ahr … lästig – betriebsunfälle
ja – trümmer und leichen gehören dazu
naturgewalten nicht zu vermeiden im interesse der wirtschaft

sachlich antworten verteidiger des klimas ruhig festen blicks
berufen sich auf wissenschaft statt *alternativen fakten* zu glauben
genau hier wo wir jetzt stehen im rest von Hambachs Wald
ebenso wie vor den häusern von Lützerath liegt ideell Paris
vertraglich fest vereinbart von regierungen wie unserer
bestätigt vom verfassungsgericht hier verläuft die 1,5 grad-grenze
des klima-kipp-moments zwischen erd-erhalt und harmagedon

LXXXI. Bescheidener Vorschlag

höllengefühle vermitteln hitzewellen weil sie den planeten
seit aufzeichnung der klima-erwärmung
häufiger heimsuchen – menschenleben fordern

studien aus mehr als 740 städten belegen unmissverständlich
jeder dritte todesfall bei hitze ist zurückzuführen
auf steigende erwärmung der erde
seit dampfmaschinen den blick vernebeln

nie liest man diese bilanz in den erfolgsmeldungen der konzerne
wäre da nicht hilfreich als bescheidener vorschlag *A Modest Proposal*
einzupreisen hitzetote in rechenschaftsberichte für aktionäre

den herren entgegenzukommen wäre möglich zu verzichten
auf namentliche nennung aller opfer
denkbar wäre auch aus kulanzgründen eine rabattierung
der bilanz von profit und verlust von menschenleben
höheren dividenden prozentual einen geringeren anteil an leichen
eine art vorzugspreis angesichts der fülle der todesfälle
zu bescheinigen anzuerkennen technik fordere ihren tribut
menschen sind sterblich – angesichts dieses naturgesetzes:
darf man vorzeitige tode den verursachern anlasten?

günstig beim jüngsten gericht – strafmildernd –
ein ablass für führungskräfte ließe sich arrangieren
dass konzerne aus solidarität patenschaften übernehmen
für hitzetote anzeigen *in tiefer trauer* schalten lassen

LXXXII. Embedded Journalism

wälder schaffe der konzern räume nahe der natur
tönt aus PR-Kanälen die botschaft welch leistung
verglichen mit mondlandschaften andrer kontinente
gigantische minen auf dauer angelegt
ohne jeden plan zur zur renaturierung in diktaturen
doch warum abschreckende beispiele wählen
die eigene düsternis weniger gräulich scheinen zu lassen
aufgeforstet mit wegen gemütlich zu flanieren
im dunst des feinstaubs der absetzer hier

eingeladen zum interview mit dem revierförster
den bewuchs der Sophienhalde zu erkunden
fand sich der journalist konfrontiert nicht nur
mit kuchen kaffee und getränken nach wahl
sondern auch einem aufpasser damit er nicht gar so frei
fragen vom jovialen betreuer des waldes
beantwortet bekomme sondern gefiltert wie den kaffee

so erlebt er *Embedded Journalism*
wie von der US-Army im krieg gegen das irakische volk
er fühlte sich erinnert an Chinas liebenswürdige hilfestellung
korrespondenten zu betreuen freundlich lächelnd
die gestutzte wahrheit von konzernamtlicher seite
hilfreich portioniert in dosen genießen zu dürfen

LXXXIII. Störfall

traditionell und patriarchalisch gesund wie viele denken
leben die menschen im Erftkreis seit jeher
obrigkeiten bestimmen den gang götter im himmel und auf erden
der landesherr gutsbesitzer dereinst – heute ein chef

heilige und andere halbgötter prägen den kalender des jahres
anlass zu gemeinschaft und festen bieten feuerwehr karneval kirche
kostümfreudige höhepunkte des jahres die prozessionen
mehr oder weniger fromm ob angeführt vom jecken dreigestirn
dem schützenpaar einer geweihten monstranz
mit uniformiertem gefolge zu ehren eine gebenedeite jungfrau
beliebter bei der jugend freilich die versteigerung
vitaler dafür weit weniger heiliger Mai-Jungfrauen

weil die macht es gebot gaben die einwohner klaglos her
ihr eigen seit generationen gaben auf ihren familiensitz
verschleuderten identität und hof an den braunkohlekonzern
litten still vor sich hin trauernd sahen sie zu der vernichtung
ihrer welt ihrer scholle ihres herkommens ihrer zukunft

mit der demokratie begann sich widerstand zu regen
der bürger als störfall lästig fanden sie sich im widerstand vereint
aufmüpfig fingen sie an zu rechnen fühlten sich übervorteilt
beim ungleichen spiel abseits jeder augenhöhe

LXXXIV. Autobahn-Verkehr

lebensadern braucht das land betonpisten
fördern verkehr austausch geschäfte
wie einst römische fernstraßen verbinden sie
stadt und wälder metropolen und provinz
bringen leben in das kleinste dorf
helfen gästen ungebeten rasch aufzutauchen
flotter noch zu verschwinden
geldautonaten zu sprengen
fenster zu öffnen mit beute zu flüchten

diskret über autobahnen im gewerbegebiet
erreichen gäste sauna-clubs
babylonische freuden versprechen die häuser
werben mit parkplätzen taktvoll versteckt hinter hecken

appetit-anregende petit fours als rasche happen
exotische delikatessen im aufreizenden angebot
frisch belegte brötchen oft ohne kenntnis der sprache
knackig spröde verlockend bereit zum hineinbeißen
wenn sie wie pralinés daliegen zum kauf
sich zu kurzem vergnügen vernaschen zu lassen

verkehrwege als bild entleerten sinns
schneller kontakte unmenschlichen gehalts
gaunerzinken verrieten einst was zu holen war
heut' dienen dark net und freier-foren im netz
erfahrungen mögliche gewinne auszutauschen
tipps über reiche und leichte beute
an sachwerten oder exotischen vergnügen
sprachkenntnisse nicht vonnöten
einvernehmlichkeit nicht gefragt
materielle not regelt das gebot
interessen finanziell abgemessen
humanität reduziert auf das geschäft

unscheinbar die scheune am rand eines uralten guts
oldtimer wohin man blickt chrom blitzt auf
zwischen einst rasenden flitzern auch wracks
wohl nicht einmal mehr rollbar sondern getragen hierher
original vorgefunden ruinen schmerzhaft deren anblick
daneben perfekt restaurierte spitzenprodukte
kunstwerke mobiler feinmechanik in frisch poliertem glanz
wie eben von der werkbank gefahren dekoriert mit
accessoires der angeblich guten alten zeit

ein sammler trug automobile schätze zusammen
viele längst auch für kenner exotisch
gerettet vor dem zerfall selbst oldtimern verfallen
suchte er einen weiteren einzige bedingung
sein eigenes baujahr sollte der neue alte aufweisen

unbekannt ein mobil von 1939 das weckt interesse
unterlagen fehlanzeige rar schwer zu bekommen
nie gehört der name des herstellers Lucien Rosengart
als autodidakt genialer erfinder konstrukteur und künstler

geboren 1881 in Paris erlebt er wie in seiner kindheit
reiter und kutschen avenuen beherrschen
den siegeszug des autos prägt er treibt technik voran
wie wenige andere entwirft elegante karossen

bevor er eigene autos baut unterstützt er kollegen
Citroen und Peugeot um auf dem Pariser Salon 1928
ein erstes cabriolet zu präsentieren unter eigenem namen

fortan belegen seine wagen auf rallyes wie in Monte Carlo
beste plätze bestanden bei langen touren
extreme zuverlässigkeits-tests ihm gelingt
moderne technik einen frontantriebler in serie herzustellen
zur präsentation seines Aérodynamique Supertraction 1933
dessen exklusiven charakter zu feiern lädt er ein ins Maxims

jäh bricht der erfolg ab als deutsche truppen Frankreich
überfallen und er der falschen religion verhaftet ist
knapp gelingt ihm zu fliehen nach denunziation
mit glück nur übersteht im versteck er verschleppung und gas

während die konkurrenz im krieg gut an rüstung verdient
verliert er den anschluss kommt zu spät nach der befreiung
fortan zeichnet er keine entwürfe mehr malt statt dessen in öl
seine französische heimat landschaften und städte
dokumente und sein archiv kauft Karl-Heinz Bonk
setzt dem verfolgten und seiner leistung ein denkmal
weit entfernt von den stätten seines erfolgs doch
diese distanz würden die autos locker bewältigen

LXXXVI. Die Pastorale

aus vielen schadensorten reisten sie an 2020:
musiker. geschädigt durch alte technologien
zum Welt-Umwelttag der Vereinten Nationen
konzernen protest zu fiedeln blasen flöten.
gesunder lebensraum hätte mitkomponiert
der Goldammern Wachteln Nachtigallen
und Kuckucke, wird Beethoven zitiert.
vögel zwitschern in der Pastorale
und noch am grubenrand

denkmalgeschützt das anwesen in Keyenberg
unter dem dach alter bäume erklangen
Posaunen Piccoloflöte und Pauken Schalmeien Fagott und
Dudelsack zur feier von natur und zivilisation.
genannt 893 als: Cheyenburghc
als hätten götter erhört das fest der instrumente,
gab der konzern auf den plan, auch diesen ort zu zerstören

LXXXVII. Irdisches Paradies

Kölns erzbischöfe demütig und bescheiden
errichteten ihr Neuschwanstein nicht in der stadt
lieber außerhalb in Brühl: Schloss Augustusburg
samt Schloss Falkenlust Weltkulturerbe der UNESCO

verblüffend? vielleicht – handfest aber die gründe
einst stand hier die mittelalterliche wasserburg
errichtet als wehrhaftes bollwerk der bischöfe
gegen freiheitliche gelüste der bürger Kölns

erzbischof Siegfried von Westerburg hatte sich 1288
auf Worringens schlachtfeld eine blutige nase geholt
verbrachte ein jahr im kerker des schlosses Burg
weit mehr traf ihn dass er in einem vertrag
Kölns souveränität anzuerkennen gezwungen war

1469 erhob Kölns Oberhirte Ruprecht von der Pfalz
Brühl sogar zur landeshauptstadt von Kurköln doch
bald sollten die Kölner in seinem krieg gegen Neuss
ihm auch eine bittere niederlage bereiten
andere schlösser errichteten Kölns erzbischöfe
und kurfürsten dann lieber weit vom schuss

prachtvoll das kleine Brühler Versailles mit park
rokoko-garten und jagdresidenz nebenan mit
kapelle zum gebet in frommer furcht
vor göttern und demokraten
architektonische meisterleistungen
des genies Baltharsar Neuman im prächtigen
barocken treppenhaus wie eine oper mit rängen dekoriert
heute im schloss musik wo atlanten treppen und aufgänge stützen
alle bürger einladen stufen zu erklimmen in dies irdische paradies
gemeinsam als freie menschen freier länder konzerten zu lauschen
himmlische klänge von künstlern aus aller welt vereint zu genießen

LXXXVIII. Windrichtung

als schüler lernten wir zu erkennen, woher der wind weht
hielten nasse finger in den luftzug fühlten die kühle brise
nahe dem Schlösser-Städtchen Brühl war das einfacher
drei richtungen ließen sich olfaktorisch unterscheiden

man sah den qualm der Brühler eisenwerke kilometer weit
unüberriechbar die lackreste des schrotts den sie einschmolzen

riesig die rauchfahnen der raffinerien in Wesseling am Rhein
besonders penetrant des nachts wenn im schutz der dunkelheit
man stinkende gase schwer sichtbar offenbar diskret entsorgte

Hürths werke der Degussa und ihrer nachfolger verpesteten
die luft mit ihrem gestank man meinte mief der Arisierungen
der Zyklon-B-Herstellung und des einschmelzens von zahngold
ermordeter bürger jüdischen glaubens stechend in der nase zu spüren
schreie von müttern und kindern aus gaskammern zu vernehmen

LXXXIX. Dada-Max

überlebt hatte er auf den schlachtfeldern
Polens und Frankreichs unter dem eindruck der
großen Schweinerei dieses blödsinnigen Krieges
immun gegen jeglichen Hurrah-Patriotismus
die zivilisationskrankheit *Nationalbesoffenheit*
gegen seinen Willen zum Leutnant befördert
nennt er sich *minimax dadamax* begründet mit
frau Luise und kollegen die Dada-Gruppe Kölns
in kontrast zu Preußens pathos und trara der
militärkapellen mit stechendem bajonett und schritt

Mutter Ey unterstützt den autodidakten
frei von akademischem dünkel erneuert er die kunst
er und andere werden sich später
im widerstand im exil wieder finden
suspekt ist ihnen vernunft die zu gewalt führt
zum krieg der obrigkeiten von kirchlichen gnaden

nie sah er in Frankreich den Erbfeind
statt dessen einen hort von kultur und esprit
als gegenmodell zu Berliner Kadavergehorsam
zog nach Paris verbündet mit dessen künstlern

gern eckt er an provoziert mit eigener sicht
hatte sein vater ihn als Jesuskind gemalt
in der Mandorla so zeigt er stattdessen
Maria als mutter mit züchtigend erhobener rechter
statt dreier könige jetzt intellektuelle triumvirn
als zeugen befreundete künstler
herab rollt der heiligenschein
während die kirche waffen gern segnet
empört sich der klerus hier gegenüber
großer kunst in renaissance-tradition

als Deutschlands truppen Frankreich überfallen
sitzt er zwischen allen stühlen als vermeintlicher feind
interniert dann von seinen eigenen landsleuten

einzukreisen und zu projizieren was er in sich sieht
sei aufgabe der malerei orientiert an ideen aller art
daraus folgt ein überaus vielfältiges werk
in farben und plastik essays und literatur
ein neuerer stets auf der suche nach perspektiven
den horizont zu erweitern durch andere technik
von ihm kreiert wie Frottage oder Grattage und Oszillation
Collagen fertigt er an erzählt so ganze romane
das museum in Brühl dokumentiert sein genie

geboren dort nahe dem schloss wird sein werk
inzwischen auch von seinen landsleuten geschätzt

knapp nur gelang Max Ernst ins exil die flucht
über Spanien und Portugal in die USA
frau Louise wird in Auschwitz ermordet
nur noch besuchsweise kommt er nach Deutschland
stirbt als weltbürger global anerkannt in Paris

XC. Umwelt-Terroristen

worte bleiben in erinnerung wenn der anlass vergessen ist
wie *Sozialtourismus* den keiner mehr nennt
Remigration klingt netter als *Deportation*
aus-drücke wie mit keulen ausgeteilte schläge: schlag-worte
im öffentlichen raum als waffe gegen argumente
zum unwort wählt 2023 eine jury *Umwelt-Terroristen*

XCI. Grabesstille

luftbilder zeigen Lützerath ein weiler nur
bescheiden klein nicht bedeutend
sieben häuser oben auf der erde
geräumt schon längst von den bewohnern
lohnt wegen eines kaffs verlassen
erneut ein bürgerkrieg en miniature?

hat aus der schlacht um Hambachs wald
man doch nichts lernen wollen
ein aufwand riesig mit todesopfer
und die justiz stellt sie am end' in frage

nein sagen aktivisten nicht was auf der erde steht
beflügelt uns sondern die kohle tief darunter
sie muss dort liegen bleiben nicht als CO_2 darf sie
das klima fortan noch erhitzen

auch kleinste zugeständnisse verweigert ihr
für ein limit der geschwindigkeit mangele es
in diesem reichen land an schildern
ein argument der stadtväter von Schilda würdig
lässt doch der schilder-forst entlang von deutschen straßen
europas alleen längst vor neid erblassen und
natürlich bedarf es zentral verfügt
keines einzigen tempo-gebots am straßenrand
endgültig geklärt wäre die frage mit einem gesetz

ja sagt der staat er darf sich nicht erpressen lassen
richtig – verständlich aber auch der widerstand
noch sind die trümmer nicht beseitig all der fluten
an Ahr und Erft der feuer die im sommer wüten

nein sagen aktivisten schon der Club of Rome
hat uns gewarnt was bald passiert wenn wir
as usual raubbau treiben statt unsern planeten
zu pflegen nachhaltig auf ihm zu leben

noch sind die opfer nicht betrauert die in fluten starben
in feuerwalzen brannten und ihr setzt noch immer
auf wachstum durch verbrenner unwillig lehren anzunehmen
verlegen nie um ausreden und irreführung durch fake fakts

still werden wir im grab und schweigen freundlich
so lange müsst ihr unsern widerstand ertragen

XCII. Regenzauber

auf profis selbsternannt und von der industrie gesponsort
hören wir gern deren lösung verblüfft mitunter
als der Rhein traditionell wichtiger weg für schiffe
als strom Deutschlands lebensader mit Frankreich
des geänderten klimas wegen der dürre der sommer
für boote zu flach wird schlagen sie vor mit baggern
ihn zu vertiefen als würd' das regen zaubern

XCIII. Gussformen

Heut schrieb Detlev von Liliencron *bin ich über Rungholt gefahren /*
die Stadt ging unter vor sechshundert Jahren …
mutig zu siedeln in flachen Utlanden draußen
nah anrollenden wogen der gewalt zerstiebender wellen
ausgeliefert wie spritzern der gischt

hinter deichen die hütten doch gebaut unter dem meerespiegel
niedriger als die brandung durch siele entwässert häuser auf warften
bis zur Groten Mandränke ging das gut armut regiert
mythen blieben von rungholt funde versunken im watt
bei ruhigem wetter hieß es höre man glocken der kirche
legenden erfanden priester über ein göttliches strafgericht

Herodot und Strabon berichten beeindruckt und begeisternd
von den heiligtümern Herakleions fast vergessen jahrhunderte
in flachen gewässern Ägyptens bis Franck Goddio taucht
wunderbare dinge sieht statuen bergen kann von göttern

Troja gedieh im reich der sagen bis Heinrich Schliemann
den spaten ansetzt seine stadt Homers aus dem schutt
verschiedener kulturen auferstehen zu lassen Priamos spielt
frau Sophia mit erbeutetem schmuck zu seiner Helena krönt

dank Platons erinnert man sich des mythischen Atlantis
auch Pompejis und Herculaneums tempel und villen
theater ganze bibliotheken schienen für immer vergessen
bauern nannten das areal *La Civita* bevor ausgräber kamen
zeugnisse blühenden lebens in malerei und mosaiken bargen
brote sogar möbel kunstwerke und schriftrollen
verkohlt oft doch als antike plastisch erfahrbar zum greifen

blühende metropolen wie diese verbindet ihr untergang
opfer wurden ihre bürger sie ignorierten bedrohungen der natur

Pompejis einwohner verursachten ihr verderben nicht
unterschätzt hatten sie den Vesuv über generationen
fruchtbares land dankbar genutzt ohne dem nachbarn
trotz früherer ausbrüche wirklich beachtung zu schenken
wachsenden gefahren in fern möglicher zukunft

übrig blieben hohlformen von leichen mit gips ausgegossen
ausgelöscht hat der heiße pyroklastische strom alles leben

XCIV. La Mancha an der Erft

hoch ragt sie auf Grottenhertens mühle auf ihrem hügel
stolzes sinnbild der befreiung aus feudalen zwängen
als Frankreichs truppen einmarschierten vertreter der menschenrechte
den Code civil im tornister fiel der mühlenbann des adels
endlich durften bauern entscheiden wem sie ihr korn anvertrauen
es zu mehl zu vermahlen brot daraus backen zu lassen

umweltfreundlich nutzt sie den wind ein blickfang der region
beliebtes fotomotiv für touristen auf fahrrädern kommen sie
nehmen wanderungen in kauf stehen staunend davor bewundern
was den alten möglich war aus stein und fachwerk aufzurichten
hören knarzenden hölzern zu lauschen dem flattern der segel
ächzend rotiert der baum der flügelwelle ein bild des kampfs um freiheit

was sie hier staunend den blick in die wolken schätzen
bekämpfen einige von ihnen mit macht
moderne windmühlen gegen deren flügel sie anrennen empört
bürgerinitiativen unterstützt von vertretern alter industrie
trotzen der innovation heutiger technik
filigrane stromgeneratoren zu gewinnen energie
dem erdball nicht zum verhängnis
als verspargelung des landes verhöhnt
von leuten die sonst das königliche gemüse
als delikatesse zu genießen wissen

gegen die nutzung des windes blasen sie zum sturm
Sancho Panzas im dienst ihrer herren heutiger Don Quixotes
das Erft-Land erinnert an Kastiliens La Mancha
ritterromantik bleibt das ein kampf gegen die zukunft

XCV. Kompromisse

raubbau am blauen planeten mit gewaltiger baggerschaufel
die grube als sinnbild des grabs wollt ihr den wirklich

wir stehen jeden tag auf kämpfen bis spät in die nacht
die klimakrise aufzuhalten so der politiker verzweifelt
demokratie bedeutet kompromisse zu schließen

entscheidungen auch solche unter blut schweiß und tränen
erstritten können schlecht sein erwidert die aktivistin
mit dem klima kann man nicht argumentieren
gegen den untergang verblassen kompromisse

XCVI. Überlegenes Schweigen

viel herrscher sah das land der Erft vernahm amüsiert
welchen namen eroberer jeweils gaben dem fluss

herren kamen und gingen opferplätze legten sie an
ließen deren qualm aufsteigen pflegten heilige haine
bauten tempel und errichteten kirchen rissen die wieder ein
kohle tief unter dem land zu erraffen für meiler
und wieder steigt rauch auf verdunkelt den himmel

heere trampelten über das friedliche land
unter ihren hufen erbebten blühende wiesen
weil herrscher und ihre religionen einzig sich
ihre heiligen worte als allein seligmachend
durchsetzen wollten beute zu holen war
und wieder flammen und qualm

kein stein blieb hier lange auf dem anderen
egal ob geschichtet von der tektonik oder
von menschlichen bauherrn befohlen zu setzen
von priestern und herrschern zu opfersteinen und altären
zu ehren die oberen auf erden und im himmel
im verbund als herrscher hießen sie steine aufmauern
die arbeitenden menschen stets blieb sieger die region

stets triumphiert das land lächelt freundlich heiter
seines bestandes gewiss kann es doch warten
viel leid kosten die kriege endlich ist die gewalt der herren:
sterblich sind deren götter das land schweigt überlegen

XCVII. Verantwortung

an meine kinder denken – wo soll das führen hin
jetzt lebe ich mein genuss gilt mir
was wollen weib und kind was sollten
sie mich scheren – bin mir selbst der nächste: ich
sie sind verantwortlich für sich sollen sie doch sehen
wo sie bleiben statt dreist mich zu belästigen
mein leben zu stören hier entscheide ich
genieße meine welt und will nichts anderes

XCVIII. Kollateralschäden

hoch und heilig ganz bestimmt! besserung geloben konzerne
in den parlamenten künftig werde man technologien entwickeln
die erde nachhaltig zu schützen statt sie auszubeuten

technologie-offen müsse man lösungen finden sorgfalt brauche das
nur nichts überstürzen sich mögliche wege versperren
zeit verstreichen zu lassen rasch noch profite einzustreichen

die lobby des planeten und der menschheit hält dagegen
geduld predigt ihr schon ewig während die erde verkommt
zur wüste aus dreck und asche auf der straße kleben wir uns fest
euren weg in unseren untergang ins abseits zu blockieren

versagt habt ihr jahrzehnte schon beschlossen im parlament
die Pariser Klimaziele einzuhalten einzig eingehalten habt ihr
eure hinhaltetaktik die rettung unseres planeten verhindert ihr
offenbar bis alles überschwemmt ist verdorrt oder verbrannt
schämt euch nicht eurer Porsche oder Privatflieger
dagegen protestieren wir – für euch sind wir doch bloß
kollateralschäden auf zwei beinen lästig als hindernis
den planeten als beute auszuschlachten

XCIX. Einhalt

wir kleben am leben bewahren die schöpfung
uns hält im zweifelsfall der asphalt geduldig der schwarze
mit unserem leben verteidigen wir den planeten
pfeifen auf eure bequemlichkeit euer vergnügen
links müssen wir steuern hallt der schrei hören auf fakten
statt an den klippen kippenden klimas zu scheitern
des lebens überdrüssig sind wir nicht
euch wie die lemminge zu folgen in eurem wahn
wachstum und gier ständig zu steigern
einhalt gebieten wir mit friedlichen mitteln statt
euch den wanst auf kosten unserer zukunft zu mästen

C. Fraktur

schnelllebig die zeit strudelt im tanz neuer reize
im wilden wirbel wechseln moden
ruhe meditation hört man sind out
bedächtig sondieren macht verdächtig

unsere städte autogerecht autobahnen als breschen
darein geschlagen kaum raum mehr den menschen
auf dem land fort mit allem was morsch scheint

lästig alte erinnerungen was dazu anregen könnte
gleich mit auf den müll gedanken zeitverschwendung

hemmnis des fortschritts steinzeit und römische kultur
kunstvolle architektur bloß lästiges hindernis pur

wer nicht von dreytausend jahren sich weiſs rechenschaft zu geben,
bleib im dunkeln unerfahren mag von tag zu tage leben
hinfort damit makulatur schwer zu lesen weil fraktur

nimm Charon auch pfefferminz-drops als obolus
sie helfen gegen den dreck den stinkenden staub im wind
augen mund nase befällt er verhüllt den blick
erschwert frei zu atmen an luft sich zu erfrischen
noch wacht Kerberos als monster über dem Orcus
gerüstet mit schaufelrad und förderband
wie ein wal vorn mit riesigem maul
lärmend stählern und schwer beweglich
furchterregend schier unermesslich die etagen
ameisen gleich und krabbelnden käfern die arbeiter
in hunderten metern tiefe erkennt man sie kaum
schwer zu sehen bleiben sie unsichtbar
werden verblasen vom wind der geschichte
Blowin' in the Wind auf nimmerwiedersehn
ohne happy end versinkt die menschheit bald
wie die arbeiter geschluckt von der grube
sie hoffen gleich Jonas im mythos zu enden
ausgespien glücklich am rand auf sicherem ufer

CII. Hort der Kunst

besiedelt seit der eisenzeit Brauweiler stets ort der kunst keramikscherben
verraten ästhetisches feingefühl edle gläser künden von römischem luxus
und durch sklaven behaglichen komfort gediegenen wohlstands

einige götter später kam der erneut als das kloster aufblühte
dank reliquien eines heiligen Medardus importiert aus Soissons
glänzende geschäfte konnte die abtei verbuchen heil von dem heiligen
ließ hochherrschaftlich bauen zum lobe der äbte in massigen formen
einschüchternder architektur der romanik samt wuchtigen türmen

barbarei triumphiert hier schließlich angelegt auf tausend jahre
weil die anlage als konzentrationslager dient gefängnis folterkeller
der Kölner Gestapo während eines dutzend extremer winter
germanischer brutalität von ariern versank in völkischem nationalismus

heut' wieder ein hort von kunst und kultur während jährlicher kunsttage
maler bildhauer dichter kommen gereist neue werke zu zeigen

heimat-verbunden mit strahlkraft weit über die region
lenken autoren hier den blick auf verborgenes
Hans Josef Jungheim sammelt als Paläontologe fossilien
über die ufer der Erft hinaus reicht sein Blick bis nach Alaska
auf schusters rappen erkundet Evert Everts hänge an Ahr und Erft
schärft in seinen wanderführern den blick unter oberflächen
tief hinab in die geschichte von kunst kultur und konflikten
die bewahrung des friedens lag Theodor Weißenborn am herzen
anlässlich des NATO-Doppelbeschluss forderte er
mitglieder des bundestags die dafür stimmten auf
persönlich patenschaften für jeweils eine der
Cruise-Missiles und Pershing-II-Raketen
in Hasselbach und Heilbronn zu übernehmen
provinz? ja vielleicht doch hier spiegelt Norbert Scheuer
Überm Rauschen grundfragen der philosophie
anhand winziger *Winterbienen* konkret politik
in literatur avanciert das erftland zum kleinen nabel der welt

bürger retteten Alt-Kaster mit Erft- und Agathator
feste locken gäste zu kunsttagen auch hier
zum Ricarda-Markt kommen könner traditioneller künste
schmiede keramiker und töpfer maler und fotografen
glasbläser vertreter fast ausgestorbener disziplinen
ein korbflechter begeistert kinder
akkurat-zierliche spitzen mit klöppeln fertigt eine junge frau
schals wachsen unter ihren händen bilder lesezeichen

an eine taffe fürstin erinnert der Ricarda-Markt
an um Jülichs Grafen Wilhelm IV. trauernde witwe
als der und sein sohn erschlagen wurden
hätte Kölns erzbischof Siegfried von Westerburg
kondolieren können allein er witterte seine chance
drang ein in die stadt eroberte sie zerstörte die burg

Ricarda setzt beim Kaiser recht und gesetz durch
der pocht auf ordnung aufgeben müsse der erzbischof
welch reinfall kapitulieren zurück an den Rhein weichen

als die befreiung vollbracht 1279 feiert man den triumph
mit rauschendem markt-fest nun tanzten die bürger
luden ein händler, handwerker, vaganten zum sieg
seitdem begeht man stolz den Ricarda-Markt

bleibt die frage wo wie und warum der graf denn starb
in Aachen erinnern ein denkmal und ein restaurant
wenige schritte nur von dem Alten Rathaus
an einen tapferen helden der Karlsstadt
der *Wehrhafte Schmied* verteidigte mutig seine heimat
als nächtens der Jülicher mit seinen söhnen
die stolze kaisermetropole einnehmen will
nur dank des wackeren mannes blieb Aachen erhalten
so hört man es überzeugt kolportiert in Öcher Platt

quellen berichten der graf sei im auftrag des kaisers
gekommen längst fällige steuern einzutreiben
das stieß nur auf wenig gegenliebe
doch auf handfesten protest mit todesfolge
Aachen verpflichtet sich im sühnevertrag
zu hohem schadenersatz an Ricarda
zur errichtung von vier sühnealtären übrig blieben allein
neben dem andauernden streit der bischöfe mit Jülich
an der stelle eines der vier auf seinem sockel
mit lederschürze den hammer schamhaft versteckt
der schmied aus bronze und das traditionslokal

vergessen im 19. jahrhundert von der eisenbahn
schlummern märchenhafte gespenster feen hexen in Kaster
oder ein wehrwolf ihn vermuten wanderer hinter bäumen
technischer fortschritt dampft nie heran
trübe fenster gegenüber dem Eulenturm erinnern an die werkstatt
eines hufschmieds vielleicht ohne jedes geräusch inzwischen
blind spinnweb-verhangen die gläser in rostigen eisernen rahmen

SALVE wollt' ein bürger entbieten dacht' wohl an Weimar dabei
als gruß an der tür nebenan das S zum fragezeichen verdreht
lässt nachdenken über den lauf der geschichte in ihren mäandern

erneut war einsatz der bürger gefragt als vor den toren
bagger standen diesmal dem tagebau Kaster zu opfern
wie einst dem säckel des bischofs
die kirche hat einen guten magen hat ganze länder aufgefressen
und doch noch nie sich übergessen
vergebens diesmal: zivilcourage bewiesen die erben Ricardas

CV. Scheiterhaufen

den schrecken der zeit voraus wollt' im 16. jahrhundert ein erzbischof
protestantisches christentum einführen im hilligen Köln
rein privat die gründe: zu heitaten die geliebte trotz des zölibats
was später europa verwüstet nach dem sturz aus dem fenster in misthaufen
hier wurde es erprobt als kampf rivalisierender kirchen in konkurrenz
um den richtigen glauben: der *Kölnische* oder *Truchsessische Krieg*

teile der bevölkerung unterstützen diese ziele doch truppen
der katholischen fraktion erobern Bedburg bringen den bürgern
katholische nächstenliebe bei söldner des Vatikans
verwüsten das umland plündern brennen gotteshäuser nieder
mit um gnade flehenden gläubigen darin die kirche als zuchthaus
abgefackelt mit betenden als christlich lodernder scheiterhaufen
bis zum frieden von Münster und Osnabrück war es noch weit

CVI. Traditionspflege

stattlich der bau fünfachsig nobel die doppelte freitreppe
direkt am marktplatz gelegen unweit des schlosses
und seines parks vis-à-vis der kirche von Bedburg
wohlhabend die bewohner und gebildet ein jurist und notar
sowie ein kaufmann erfolgreich weit über den ort hinaus

allein ein gewaltiger makel haftet ihnen an
ihr jüdischer glaube inmitten christlicher nachbarn
den nicht zu öffentlich zu praktizieren
sie längst gelernt hatten schutz- und lehrgeld gezahlt
anerkannt wähnten sie sich als soldaten an der front
nicht wenige familienmitglieder waren für kaiser und reich
gezogen in den krieg als patrioten überzeugt
gegen den welschen bösewicht ihr leben opfern zu müssen
hofften so auch ihren religösen aussatz zu überwinden
als erbfeinde der christen behandelt zu werden

anfang der 30er jahre erhielten der oberlandesgerichtsrat
und der kaufmann jeder ihr ehrenkreuz für frontkämpfer
doch 1938 wurden beide nach Dachau verschleppt ins KZ
einen spottpreis bot man für ihr haus kassierte ihren besitz
fürs überleben mit glück nur gelang die flucht nach Palästina

stolz die stadt als rathaus dient jetzt der edle bau ein schmuckstück
zentral gelegen am Adolf-Hitler-Platz bis 1972 als rathaus genutzt
behördliche traditionspflege bewährter diener des staates
schamhaft ward die adresse schon jahre zuvor anders benamst

CVII. Vergiftet

stark verwittert stumme zeugen ragen sie auf oberhalb der erft
Mazewot vergessen verdrängt die sie errichtet ihren verwandten
verfolgt ermordet jene denen sie heimat bedeuteten
erzählen sie von Paffendorf seiner geschichte seinen bewohnern
steine einzig als zeugen noch übrig nach jahrhunderten der pogrome
wirksam das gift der hetze gegen das *Volk der Gottesmörder*

CVIII. Aussicht auf Mord

offenbar um an den erfolg einer populären serie
anzuknüpfen im fernsehen *Mord mit Aussicht*
nannte Elsdorf in seinem kultursommer
eine konzertreihe direkt am rand des tagebaus
Musik mit Aussicht romantisch die vorstellung
direkt vor der zerstörung an diesem jammertal
feinstaub satt in den lungen künstlern zu lauschen
herzigen schlagern *let's dance* auch *rock meets klassik*
vor sich das grab den tagebau da hätten die stadtoberen
eigentlich den namen übernehmen können
Mord mit Aussicht hinab oder besser vielleicht
Aussicht auf Mord in die grube mit blick
in die gemeuchelte welt jahrtausende alter kultur

CIX. Lebenslaute

wir sind hier wir sind laut
weil ihr uns die zukunft klaut
der planet verröchelt
weil und während ihr ihn köchelt

lärm zu schlagen mit musik
bei aktionen für den frieden
dem erhalt unseres planeten
lebenslaute klar zu geben

bewährt sich seit jahrenden
friedlich aber laut open air
gegen diskrete profite im stillen
lobbyismus auf kosten aller

schnee fällt auf Südafrika
in Kanada brennen die wälder
schreit so stark ihr könnt
leistet widerstand auf der straße

wollt ihr gesund leben
nicht von industrien vergiftet
zu gunsten von boni
schlagt dazu auf die pauken

trommelt friedlich
so lang ihr könnt
gebt lebenslaute
bis keiner mehr pennt

CX. Nichts-Wachstum

klein ameisen gleich kamen wir uns vor an der grube
schauten hinab ins weite nichts fächerförmig wandert es
breitet sich aus auf seinem weg lässt uns zurück
besitz ergreift die trostlose öde von allem
die zernichtung unserer welt beobachten wir
sie splittert zerscherbt in staub zerfallend
ein schwarzes loch mehr
aber dieses eine inmitten unseres universums
paradox der anblick wachsenden verschwindens
beobachten zu müssen gefräßige zerstörung

CXI. Mein Grab

verrückt komme ich mir vor
sagt Peter täglich in der kanzel des baggers
meinen unterhalt zu verdienen mein brot
und das meiner kinder bewege ich
im sandkasten grube die schaufel zu
auf den sandkasten meiner zwillinge
das haus meiner eltern wird dem tagebau weichen
mein bagger reißt es ein
wie im spiel mit einem joystick
meinem garten und den ahnen
grab ich den raum ihres lebens ab deren gräber
und die welt meiner kinder

CXII. Perspektiven

rettung naht hört man aus den konzernen
ist das Erftland ausgekohlt dort nichts mehr zu holen
nehmen wir uns die meere vor
gelacht wäre es fände man dort nicht perspektiven
die ausbeutung des planeten voranzutreiben

CXIII. Abriss abgeblasen

gegen widerstand von immer mehr menschen geschäfte zu machen
rechne sich nicht kalkulierte der konzern übertünchte schilder
Ja zur Heimat – STOP Rheinbraun wir bleiben hier
überall in den dörfern benamste sich um von Rheinbraun in RWE
setzt nach der ausbeutung der tagebaue auf neue strategien
nachhaltig gewonnene energie besser lässt die sich vermarkten

weichen sollten nahe der Niers noch fünf weitere orte
Keyenberg, Berverath, Ober- und Unterwestrich, Kuckum
in Erkelenz sind neue umsiedlungsquartiere bezogen
doch der abriss wird abgeblasen aufatmen können manche bürger

ausgeblutete dörfer traurig durch sie zu gehen leere fenster
nicht mehr bespielt die kirche verlassene häuser wenige bewohner
harren noch aus liebevoll gestaltete fassaden verfallen zerbröckeln
geisterdörfer wie in den USA staub wirbelt über einst stolze bauten
dornbüsche nicht – plastiktüten dafür und fetzen alter zeitungen

CXIV. Zukunft Fortuna

ein glücksversprechen der name zahlreiche zechen hießen so
hoffnung brauchte wer einfuhr tief in die nacht im schacht
abgebaggert die häuser von Fortuna einst ortsteil von Bergheim
benannt nach der brikettfabrik zeugnis des aufbruchs
der industrie und ergebnis ihrer folgen
ein trost den vertriebenen die auferstehung vom ort Fortuna
die zukunft kommt ganz modern digital daher
heimat zum anfassen nicht bloß sondern fiktion belebt im PC

CXV. Apfelkraut

eine der ältesten gaststätten bewirtete Juliane Bruns
2009 konnte ihr haus auf ein erfolgreiches viertel-jahrtausend
in Venrath zurückblicken mitten im leben neben der kirche
abzuleiten von *fenni* für sumpf und *reod* für rodung

seit 1759 mittelpunkt des orts mit eigener brauerei
breit die fenster in die vergangenheit: in vitrinen
traditionsfahnen pokale zeugen vergangener harmonie
vereine feierten karneval und feste
devotionalien des alltags künden vom leben unter balkendecken
generationen von rauchern schwärzten das holz

bier klebrig wie apfelkraut spöttelten sie doch hart traf es die bürger
als wegen des tagebaus kein neuer pächter sich finden wollte
fortzusetzen die tradition doch die Initiative *STOP Rheinbraun*

CXVI. Was wirklich zählt

karg-bescheidenes leben in dörfern volkskunde humaner art
nicht völkerschauen der kolonialzeit wie einst bei Hagenbeck
heute im nostalgie-schloss an der Spree mit preußischer moral
erbeutet von hohenzollern-truppen oder in Oerlinghausen wo 1936
arisch-völkische kultur übermenschen verherrlichen sollte
lässt sich erwandern spüren ertasten erleben in Kommern
tradition abgerissen durch tagebaue wird lebendig

baugruppen hier zu besuchen hilft gemeinsames erkennen
hart war das leben allen gerecht zu werden nicht leicht
lebensmittel galt es zu produzieren zu sorgen für wasser
lebensraum zu erhalten nicht zu erobern
bescheiden das museumsdorf als modell der welt im kleinen
was wirklich zählt: harmonie und solidarität – in Kommern
lässt es sich erkennen in schlichten katen und hütten

nothilfe wie ärzte leisten archäologen am offenen herzen des Erftlandes
vis-à-vis des kirchleins St. Katharinen in Titz sie graben im wettlauf
an hase und igel erinnert der *Ick bün all hier!* rattern bagger
notgrabungen lassen erkennen was schaufeln zerbröseln
Sisyphos mag glücklich gewesen sein erhalten blieb ihm sein stein
zeugnisse der geschichte dagegen werden unerkannt zerstört
forscher ballen die faust in der tasche beneiden den weisen Korinther
allein sie müssen selbst nichts mühsam rollen empor einen berg
gigantische bänder fördern unsere schätze hoch auf den abraum

CXVIII. Bartmannskrüge

Frechens wappen ziert der exportschlager gefragt seit dem mittelalter
so gelangte er über die Niederlande bis auf Britanniens Inseln
Greybeards hießen sie dort oder Bellarmines
dem heiligen Bellarmin zu seligem andenken
unklar was die maske zeigen soll: lachen von göttern oder zechern
bloß zierrat? der bartträger als held – mit dem man auf kaperfahrt ging?

vor allem machten die bartmänner rheinisches steinzeug bekannt
auf drehscheiben gefertigt jedes stück unikat mit henkel und gesicht
von hand tagelang brennen sie in öfen der krugbäckerdörfer

überdimensional einer drehscheibe nachempfunden das museum
in Frechen das Keramion zeigt stolz entwicklung dieses vermögens
als zeitleiste menschlicher fähigkeit erde kunstvoll zu formen
keinen kompletten Golem zwar doch fein ziselierte köpfe

CXIX. Was bleibt?

als Frau Bruns die pforten schließt kommt wut auf gebiert mut
die verammelte kneipe als zelle des widerstands gegen Garzweiler II
im treffpunkt der bürger lebt tradition auf *Wilkum du mein lieber Gast,*
wan du Gelt im Beutel hast. Hast du Gelt, so setz dich nieder,
hast du keins, so geh gleich wieder riet ein Balken über dem entree
hölzern der türsteher als rausschmeißer von 1777

mit dem ende der sümpfungen strömt wasser zurück
in keller und baugebiete nicht nur in den angepriesenen see
das meer an der Erft das paradies so es denn überhaupt kommt
billiger die lösung für den konzern als erde anzukarren

wer zahlt wenn RWE abgewickelt alte schulden? ewigkeitslasten
werden – ahnen sie – verluste sozialisiert? bleiben dem revier kosten?
konkurs der braunkohle und neue gewinne wie boni an alte aktionäre
öfter die firmen als andere ihr hemd wechseln einige manager
bergschäden bleiben den kumpeln profite werden verschoben
die kleinen wieder die dummen ausgenutzt und verlacht
fürchten sie hier gelder auf konten weit weg
verkippt kostbarer löß auf der halde wertlos die neuen böden
statt fruchtbar wie zuvor seit generationen

CXX. Beweislast

Ägyptens Lateinamerikas pyramiden auch kathedralen der gotik
stellen moderne bagger mit schaufelrädern in den schatten
bürger fragen worin besteht die größte leistung des konzerns?

im Ruhrgebiet, dort, hören sie, müssen geschädigte nicht
ihrem schädiger beweisen seine schuld an bergschäden
der bergbau-betreiber hat selbst den nachweis zu erbringen
nicht verursacher zu sein wenn straßen reißen wände klaffen

unklar auch eindeutige kriterien was bergschäden sind
wodurch sie verursacht fraglich oft wer als täter in frage komme
klassischer bergbau wie im Eschweiler revier und Ruhrgebiet oder
tagebaue wie in Hambach und Garzweiler wie zu berechnen
welche summen wes störenfried zuzurechnen wären
karten weisen im ansatz aus wer zuständig sei doch oft
lassen sich schäden nicht monokausal begründen
verweisen betreiber der berg- und tagebaue mit dem finger
auf die konkurrenz: *der war's – wir nicht, sind fein raus*
juristische formfehler braver familienväter bieten angriffsflächen
gewiefte könner ihres metiers schüchtern die geschädigen ein

hart für einzelne erstmals im streit mit geübten konzernen sich
der geballten macht besoldeter advokaten und gutachter gegenüber
zur not über endlose wege der instanzen zu behaupten
nicht orientierung zu verlieren in mäandernden winkelzügen
von rechtskennern und politikern mit sinn für geschäfte
routinierten abteilungen von fachkräften widerstand zu leisten

allein, den tagebau-betreibern gelang der genie-streich
den schuld-nachweis ihren opfern unterzujubeln
wer den konzern hat vermeidet beweislast wälzt sie lachend ab

CXXI. Skywalk

wanderer kommst du zur grube erschrick nicht verkünde überall
in welchen abgrund du gesehen luftnummern früherer dörfer und kirchen
weit ragt die plattform *Skywalk* über das loch *Gänsehaut* ergreift besucher
als *Mutprobe* gepriesen sich dem anblick auszusetzen
der verheerungen die hier im frieden geschehen

errichten sollte man neben der plattform eine gedenkhalle
ein ruhmestempel wie in Regensburg Walhalla
ewig zu erinnern an politiker aktionäre funktionäre
die diesen kahlschlag des welterbes zu verantworten haben
benennen den Skywalk nach dem fotografen Steffen Meyn
öffnete er doch wie der steg menschen die augen

CXXII. Kleeblätter

gewaltig die erdbewegungen wo dörfer florierten
vitalität pulsierte erstreckt sich nun eine einöde
neu aufgeforstet doch ohne spuren von kultur

einige pflänzlein konnten blühen und gediehen prächtig
erreichten dimensionen von denen selbst Hitlers Architekt
Albert Speer in seinen hoffnungen von der hauptstadt
der welt *Germania* nur träumen konnte

autobahnen um Garzweilers tagebau die kleeblätter
aus asphalt verraten nicht glück doch eine gigantomanie
in ihrem reichtum sich verengender kurven
mäandernden bypässen dem spurenwirrwar
einen schöpfer hätte der neid erbleichen lassen
und auch Herrn Speer

CXXIII. Hilfreiche Gäste

besuch tapert heran igel suchen nach weinbergschnecken
eingeladen aus dem Ahrtal lästige nacktschnecken zu tilgen
als beifang zu Ahrbleichert wie man ihn nannte einmal
delikat doch lästig brombeeren überwuchern rosen und tulpen
nacktschnecken lassen sich mohn schmecken und rittersporn
ihrer erwehren wir uns mit freunden von den reben der Ahr
falls die überhand nehmen helfen uns kräuter und pfannen
hummeln und bienen sie bewahren den garten
versorgen sich bestäuben äpfel kirsche wein und waldmeister
erdbeeren umflattert auch von schmetterlingen hilfreich
als gäste befruchtend genießen insekten angebote der natur

beobachtete Goethe noch und notierte penibel als wissenschaftler
mit interesse das treiben der wolken schauen wir bang gen himmel
fällt uns angesichts der entwicklung extremer stürme
oben am firmament ein was unwetter oft anrichten und öfter
früher als schauspiel bestaunt wandelt sich unser blick in sorgen

mafiöse strukturen an familien-clans erinnern sie
an die mentalität der drei affen alter darstellungen
nichts sehen nichts hören nur nichts verraten
die heilig-königliche dreieinigkeit der vertuscher
wir halten dicht zusammen als kartell des schweigens
gegen gewalten-teilung einer macht-balance
moderner rechtsstaatlichkeit und demokratie
nicht mehr ein einig volk von brüdern oder gar
Freiheit Gleichheit Brüderlichkeit sondern geschäfte
im deal mit der macht der profiteur als sponsor
in dessen schatten vertuschungswürdige dokumente
verantwortlicher politiker oder financiers
der öffentlichkeit entzogen trotz bekenntnissen zu
gewissenhafter Aufklärung werden brüderlich
gehütet wie reliquien doch statt sie zu zeigen
verschwinden die diskret und verborgen im ordner
wie im clan der kinderliebenden *Brüder im Nebel*

gab es Homer? daran zweifeln gelehrte – seiner heroen ruhm glänzt
dagegen vergessen Christian Wierstraet der leise sänger aus Neuss
sein opus magnum *Dye hystorij des beleegs van Nuys* erzählt in versen
vom ende der Kölner Stiftsfehde dem beginn der Burgunder-Kriege

schamhaft, kampf um beute gegen mächtige konkurrenz zu kaschieren
nennt die Ilias des Menelaos gattin als kriegsgrund: die schöne Helena
andere überliefern nie habe sie Troja erreicht stattdessen Ägypten
helden zu feiern lag Wierstraet fern – er schildert tod blutig gemetzel

Kölns bischof Ruprecht von der Pfalz im bund mit Karl dem Kühnen
belagert Neuss mit bombardements 1474/ 75 es zu erobern
ob seines einnehmenden wesens fürchten nicht nur Kölns bürger
ihren geistlichen oberhirten und seinen bruder im geist und harnisch

Wierstraet dichtet seine chronik zu *immerwährendem gedenken*
nicht um edler recken lob geht es ihm sondern um *eyn exempell*
verbrechen der kriege zeigt er aus der sicht der erschlagenen
heldenverklärung zur rekrutierung neuer opfer ist ihm fremd

stadtschreiber wie er haben den überblick nichts selbst zu verantworten
so kann er seine sicht der schlachten schildern ohne rechtfertigung
als warnendes beispiel vor der raffgier großer herren und kühner krieger
berichtet von not und elend der menschen beider seiten frieden als utopie

mineure untergraben mauern schweres geschütz lässt türme bersten
sogar die erft leiten sie um der stadt lebenswichtiges nass zu rauben
hilfstruppen und munition senden gegen ihren bischof Köln und Bonn
mängel aller art bekämpfen die Neusser wechselndes glück lähmt sie

plastisch malt Wierstraet bilder: tore sieht man splittern, zerfetzte leiber
durch steinkugeln zerrissen, meint pulverdampf zu riechen, hört den lärm
der feldschlangen, der mörser, trompetensignale, gebrüllte befehle,
meint kriegsgeschrei und leises stöhnen sterbender zu vernehmen

an den bericht über die Kanonade von Valmy erinnern die verse
ein böser *Traum zwischen Koth und Noth, Mangel und Sorge,*
Gefahr und Qual, Trümmern, Leichen, Äsern und Scheishaufen
so Goethe – nicht geeignet krieger zu begeistern und anzuwerben

mühsam und in eile verstopfen sie breschen mit stroh und balken
in Neussens mauern geschossen von truppen des bischofs erinnern
sich schaudernd was mit frauen kindern und greisen geschah
auf kreuzzügen in Jerusalem oder im christlichen Konstantinopel

entsatztruppen Kölns sammeln sich jenseits des Rheins versuchen
mut zu spenden botschaften in kugeln senden sie über den strom
fröhlichen lärm von festen hinter der mauer den gegner zu täuschen
hört man davor rufe als wortwechsel bevor wieder musketen sprechen

im gegensatz zur geschichte des mythischen Troja nimmt in Neuss
die belagerung ein glückliches ende truppen des kaisers vertreiben
den bischof Wierstraets chronik gipfelt in dem bekenntnis
niemandem *zu spott leid hohn oder verachtung* dienen zu wollen

krieg – hört man – sei vater aller dinge gar fortsetzung der politik
es gehe auch anders doch so gehe es auch – reich an heldenepen
die weltliteratur: wer wen erschlug welche reiche er schuf mit gewalt
wirklich? allein, waren die von dauer? alles fließt – blut und die zeit

knapp die befreiung kaum hätten sie wochen noch standgehalten
pausen der schlacht nur zu austausch und bestattung der toten
frei aber stark zerstört das stattliche Neuss vom kaiser privilegiert
mit zoll-rechten und messen zur unterstützung von neuem aufbau

CXXVII. Halbwertszeit

Erftstadt bekannte sich 1969 zu seiner lebensader
spät erst benannte sich der zusammenschluss
mehrerer gemeinden an dem flüsslein nach ihm
dutzende villae rusticae entstanden in römischer zeit

lange blieb unbeachtet der bund beschaulicher dörfer
bis die flut den gigantischen trichter in die medien spülte
ganze äcker strassen und höfe riss sie mit
die Erft überflutet eine kiesgrube an Blessems ortsrand

spielzeuge von riesenhänden bewegt und verstreut
bedecken den boden des lochs schrott einstiger autos
beton-trümmer der kanalisation groß wie garagen
zeugen vom aufstand der natur gegen ihre zerstörung

unwillkürlich fragt man sich angesichts der schlagzeilen
bilder der presse und filmen im weltweiten netz
wie lange wohl die halbwertszeit von nachrichten
für den heilsamen schock der katastrophe dauert

CXXVIII. Sisyphos

mitunter im traum sah ich ihn mit flügelhelm inmitten kumpanen
umgeben von Miraculix Idefix Obelix rauflustig wie Majestix
doch mit gut gesetzten worten argumenten und charme
macht Peter Immekus selbst gute miene zum infamen spiel
sein büro bildet das zentrum des kleinen dorfes in Aremorica in Gallien
von dort nimmt er es auf gegen die großmacht zu streiten
mit list wie die gallier zufrieden wirkt der geistesbruder des Asterix

erinnert auch an Sisyphos - einen à la Camus glück strahlt er aus
der vorsitzende des Netzwerks Bergbaugeschädigter
als markscheider experte in sachen erdbewegung
präzise und faktensatt analysiert er praktiken und moral
weiß dass er unterlegen ist ahnt aber auch dass hier an der Erft
macht und herrschaft nie endlos dauerten alles fließt

einem brennglas ähnlich bildet Hombroich als insel der Erft
deren geschichte in ihrem wechsel und vexierspiel ab
nur ein schutthaufen von bäumen überwachsen erinnert
an die burg eine motte erhalten im erdreich und auf pergament

als raketenstation atomar bestückt weckt die idyllische insel
widerstand der friedensbewegung auch der charmante name
antiker götter Nike-Hercules vermag kritiker nicht zu besänftigen
feuerwerk nuklearer art fürchten nachbarn bei 150 km reichweite
auf bltzen am geistigen horizont Hiroshima und Nagasaki

dank des INF-Vertrages gelang mit dem ende des Kalten Kriegs
der wandel zog militär aus auf Hombroich und kultur ein dafür
bunker der NATO mutierten zu tempeln der kunst
landschaft und architektur bilden den rahmen sie zu genießen

in der auenlandschaft zwischen den armen der Erft entstand
harmonisch ein ensemble in dem verwilderten park
gestaltet von international orientierten malern und bildhauern
erlaubt den dialog verschiedener kulturen sinnlich zu erleben

inspirieren von diesem einzigartigen forum ließen sich
der dichter Thomas Kling und die malerin Ute Langanky
gemeinsam lebten und schufen sie hier bleibende werte
gaben denkanstöße vertrauten auf feuerwerke des geistes

CXXX. Das Echo

unter Nideggens noch im verfall grandioser ruine
deren palas als größter saalbau einer deutschen burg
des 14. jahrhunderts gerühmt ward gelangt man nach Abenden
einst Dieter Kühns stille schreib-klause tief verborgen im wald
dass er riet ihn anzurufen von der telefonzelle im dorf
über minnesänger schrieb er lange vor dem gebrauch von handys
lotste gäste im auto über forstwege in sein revier
hier fand er ruhe eher als im hochhaus der flugschneise von Wahn

einmal wanderten wir in der schroffen felswelt der Domlomiten
bekannt für echos anhand seiner biografie
Oswalds von Wolkensteins zu dessen elternhaus Trostburg
da lag beim kastellan zwischen souvenirs
mini-rittern für kinder plastik-schwertern helmen und schilden
das werk wir kennen den autor aus Köln freuten wir uns

wir kennen ihn auch so prompt das echo des burgvogts
kommen d'rin vor folgt etwas leiser
wenig stolz als gegenstand und held der literatur
andenken erlangt zu haben abends lasen wir die szene
launig beschreibt Dieter Kühn die bäuerliche familie
rustikal das besteck schwingend als *Suppenlöffler*

CXXXI. Handwerkszeug

manche funde direkt vor dem bagger verblüffen
solide verpackt neben römischen münzen
geröll aus dem mittelalter bargen archäologen
ein russisches funkgerät für spione völlig neu
intakt wie grad geliefert vom KGB
in den 80ern entwickelt konnte es über tausend km
daten senden entdeckt unweit des flughafens Nörvenich
auch des atombombenlagers in Büchel
handwerkszeug am arbeitsplatz vergessen
kalt blieb der krieg trotz rüstung und raketen
überreich ist der boden an relikten erloschener kulturen
von schlachten ohne sieger die erde getränkt mit blut

CXXXII. Ginkgo und Äpfel

breite grüne blätter der katalpa bergen wie
an langen armen mich umfassen meinen
traum

längst sind all die weißen blüten von
den langen rispen in das hohe gras
gesunken

doch obwohl verwelkt leuchten manche
noch in ihrer wiese weisen still erinnernd auf das
frühjahr

leis' der ginkgo raschelt mit der doppelspitze ein geschenk
zum einzug mit den blättern eins und doppelt raunt er liebe
namen

fern zum himmel schwingt mein denken sich auf wolken
rauschend geben blätter knisternden papieren
antwort

weiter himmel wölbt sich endlos wie ein tiefer
abgrund angst steigt auf den boden zu
verlieren

und im blau des grenzenlosen alls hilflos zu ertrinken
doch mein ginkgo feigen und die roten äpfel geben
halt.

Inhalt